# Dank Therapie
# an Leben gewonnen

Judith Freeman

Die Orts- und Personennamen sind geändert.

## Impressum

© 2009 Judith Freeman

Manuskript: Judith Freeman

Text und Layout:
Biografiewerkstatt Otto
Breite Straße 8, 55124 Mainz
www.biografiewerkstatt-otto.de

Herstellung und Verlag:
BoD - Books on Demand, Norderstedt

2. Auflage Januar 2013


**Preis: 12,00 Euro**

**ISBN: 978-3837072402**

## FÜR MEINEN MANN

Ich liebe Dich
Mehr als ich denken kann.
Hier und jetzt.
Mich kümmert viel
Was Morgen mit uns sein wird.
Gib mir heute das Gefühl
Mit Dir
Einen gemeinsamen Weg zu gehen
Und dabei sagen zu können:
Ich bin ich und
Du bist Du.

Ich, 1985

## Vorwort

Die Belastung einer Beziehung durch eine psychische Erkrankung des Partners ist hoch, auch die Unbeholfenheit, mit der Familie und Freunde auf die Krankheit reagieren.

Mit meinem Buch möchte ich die Menschen erreichen, die sich privat und/oder beruflich mit dieser Thematik befassen. Ich will Mut zur Therapie machen und vermitteln, dass auch ein schwer betroffener Mensch durchaus in der Lage sein kann zu lernen und sich zu entwickeln.

In diesen Sinne allen Beteiligten viel Glück für die Zukunft!

Judith Freeman
Im Januar 2013

Es war ein herrlicher Sommertag, Ende Juni 1982. Ich trug mein Lieblingskleid, das blaue mit den ganz schmalen Trägern. Tom fuhr mit mir ein paar Ortschaften weiter und hielt auf einem großen Parkplatz. Wir stiegen aus und er nahm meine Hand: „Komm!" Der schmale Weg war von vielen Blumen gesäumt. Ich fand es hier so schön wie in dem Roman „Die Rosen von Malmaison". Wohin würde er mit mir gehen? Tom liebte Überraschungen. Er blieb mit mir an einem Haus stehen und klingelte. Man sagte ihm, es dauere noch etwa eine Stunde. Ich kapierte überhaupt nicht, worum es ging. Wir warteten vor dem Eingang, nahmen uns in die Arme und küssten uns. Schließlich setzten wir uns ins weiche Gras, Rücken an Rücken. Nach etwa einer Stunde öffnete sich die Tür und wir wurden hereingebeten.

Zu sechst saßen wir nun im Aufnahmezimmer, eine Richterin vom Amtsgericht, eine Oberärztin, die Stationsärztin, eine Krankenschwester, Tom und ich.

„Herr Golding, was befürchten Sie, wenn ihre Frau allein zu Hause ist?", fragte die Richterin.

„Dass sie zum Beispiel Feuer legt", antwortete Tom.

„Wir werden Ihnen helfen", beendete die Richterin das Gespräch.

Jetzt erst begriff ich, worum es ging. Ich bekam wahnsinnige Angst und als die Stationsärztin Tom dann bat, ihn noch unter vier Augen sprechen zu dürfen, rastete ich vollkommen aus. Ich schrie und bettelte: „Tom! Geh nicht weg, geh nicht weg, geh nicht weg, bleib da, lass mich nicht hier! Tom! Bitte, bitte bleib da!"

Aber Tom war schon weg.

Eine Krankenschwester verabreichte mir zwei Tabletten und brachte mich auf Station. Bis zum nächsten Morgen passte ich mich dem dortigen Ablauf an. Aber ich wollte nicht hier bleiben, ich wollte mich nicht so einengen lassen. Nein! Nein! Und nochmals nein! Die Patienten schlichen auf der Station herum wie Schatten ihrer selbst.

Ich will raus hier, ich will hier nicht bleiben, schoss es mir durch den Kopf und schon griff ich nach einem Stuhl und stieß mit ihm einen Blumenstock vom Regal. Zwei Pfleger packten mich, warfen mich aufs Bett und banden mich an Händen und Füßen fest. Ich heulte wie ein Tier, vielleicht wie ein Wolf – mit einer Ausdauer und einer Intensität, dass man mich ein paar Blöcke weiter noch hören konnte. Irgendwann stand die Oberärztin, die schon bei der Aufnahme dabei gewesen war, an meinem Bett und sagte: „Das ist ja schlimm, wie Sie schreien, das geht einem durch Mark und Bein. Wenn Sie versprechen, sich ruhig zu verhalten, binden wir Sie los."

Ich versprach es und wurde von den Fesseln befreit. Irgendwann wurde ich aber erneut fixiert, ich weiß nicht mehr warum.

In meinem Sechsbettzimmer lag neben mir eine Frau, die ebenfalls tagelang fixiert war, nachdem sie sich vor dem Kreuz an der Wand auf den Boden geschmissen und das Kruzifix angejammert hatte – ein Bild des Elends.

Ein Bett weiter lag eine Frau, die trotz Periode onanierte. Ihre Hände waren blutverschmiert und die Bettwäsche ebenfalls. „So ein Schwein", hörte ich die Krankenschwester beim Neubeziehen des Bettes schimpfen. Kaum war sie aus dem Zimmer, fing die Frau wieder an zu onanieren und verschmutzte erneut die ganze Bettwäsche. „Also so ein Ferkel, so eine Sauerei, man kann es kaum glauben!" Das Bett wurde wieder frisch bezogen und die Patientin an den Händen festgebunden.

Ich war wirklich im Irrenhaus gelandet! Nachts konnte ich nicht schlafen, weil es so unruhig auf der Station war. Durch die Fensterscheibe, die das Krankenzimmer vom Flur trennte, sah ich Patienten auf- und abgeistern, meistens im Profil, als Silhouette.

Ich hatte wahnsinnige Angst. Aber noch schlimmer war meine Sehnsucht nach Tom. Ich befürchtete, ich müsse sterben. Tag und Nacht konnte ich nicht schlafen und dachte, Tom müsse jeden Moment erscheinen, vielleicht als Installateur, vielleicht durchs Fenster, irgendwie müsse er doch zu mir kommen.

Doch Tom kam nicht.

Von meinem Bett aus konnte ich auf ein Bild an der gegenüberliegenden Wand schauen und es ganz genau betrachten – ein alter Mann im Bett mit Regenschirm, „Der arme Poet" von Spitzweg. Ich stellte mir vor, der Mann sei mein Vater, um den ich trauerte. Im Bett angebunden, Tage und Nächte ohne Schlaf, eine wahnsinnige Sehnsucht nach Tom – all dies raubte mir schier den Verstand.

Eines Abends stand der Bereitschaftsarzt an meinem Bett. „Es hat keinen Wert mehr", ich vernahm nur diese Worte. Einige Minuten später kam dieser Arzt in Begleitung von zwei Schwestern erneut zu mir. Ohne ein Wort der Vorbereitung setzte er die Spritze an. Ich spürte den Einstich umso mehr, als ich nicht ruhig blieb. Die Schwestern hielten mich fest, während ich mir so laut wie in meinem ganzen Leben noch nie das Herz aus dem Leib schrie. Ich hatte das Gefühl, sie würden mich wie ein Schwein abstechen – wie ich es so oft im Elternhaus beim Schlachten erlebt hatte. Ich hörte nicht auf zu fluchen: „Ihr Schweine, ihr Drecksschweine, ihr ..." Ich kann mich nicht mehr genau an all meine bösen Worte erinnern. Ich erwischte noch eine Krankenschwester an der Hand und kratzte sie blutig. Unheimlich viele Schwestern traten an mein Bettende. Ich glaube, sie trauten sich nicht, näher an mich heranzu-kommen. Sobald ich jemanden erblickte, fing ich an zu schreien. Eine Krankenschwester fuhr ich lauthals an: „Sie sind eine Sau!" Wo-rauf sie laut erwiderte: „Sie sind auch eine Sau." Weil ich keine Ruhe gab, wurde ich festgebunden, ins Bad gefahren und dort abgestellt.

Ich fror und konnte kaum nach der Bettdecke greifen, weil meine klammen Hände in Schleifen steckten. Meine Finger waren ganz steif. Ich hatte solch eine Angst und fühlte mich verlassen und ausgeschlossen. Im Bad ertönten fremdartige Geräusche. Mein Geist war hellwach und achtete auf jeden Laut. Irgendwo knarrte es. Hilfe! Vielleicht saß da jemand im Schrank! Dann war es wieder ganz still. Ich dachte, irgendwann müsse dieser schreckliche Zustand doch vorbei sein, und hielt ganz still.

Während dieser endlos langen Zeit, die ich wach im Bett lag, schaute keiner nach mir, weder der Arzt noch eine Krankenschwester. Irgendwann schlief ich ein.

Ich wachte im Sechsbettzimmer, dem Aufnahmezimmer, auf, als Schwester Beate gerade die Vorhänge zurückzog. Zuerst musste ich mich orientieren, wo ich überhaupt war, dann aber erblickte ich das vertraute Spitzwegbild. „Schätzle, bist du wach?", fragte Schwester Beate. Mir wurde es ein bisschen warm ums Herz. Ich konnte nicht aufstehen, so schwach war ich. Man musste mir die Kloschüssel ans Bett bringen. Ich konnte nicht selbst essen, sondern musste gefüttert werden. Ich fühlte mich hilflos und ausgeliefert.

„Ich möchte duschen", das wünschte ich mir als erstes. Ich war total verpeppt. Schwester Martha half mir. Unter der Dusche konnte ich mich kaum auf den Beinen halten. Ich tastete meine Scheide nach dem Tamponfaden ab. Ganz dunkel erinnerte ich mich daran, meine Periode zu haben. Schwester Martha meinte: „Jetzt doch nicht!" Doch als sie sah, dass ich einen Tampon herauszog, war sie beruhigt.

Nun bekam ich alle paar Tage eine Fluancolspritze reingejagt, die nicht sachte angesetzt wurde, sondern in eine der Pobacken sauste. Das tat nicht nur weh, sondern war gleichzeitig erniedrigend. Ich bekam immer stärkere Schmerzen, besonders im Schulter-Nacken-Bereich, und konnte weder schmerzfrei sitzen noch schmerzfrei liegen. In jeder Lage tat es höllisch weh. Ich kniete im Bett, schaukelte hin und her und schrie, weinte und wimmerte. Die Massage verschaffte mir nur momentane Erleichterung. Einmal schaute Dr. Arnold ins Aufnahmezimmer und sah mich in meinem jämmerlichen Zustand. Und ein anderes Mal schrie ich schon, bevor die

Spritze abgeschossen wurde. Der Krankenpfleger drückte mir für Sekunden das Kissen auf den Kopf. Ich bekam panische Angst und hielt die Luft an. Ein Gefühl des Ausgeliefertseins erfasste mich. Die konnten mit einem doch machen, was sie wollten!

Eines Nachmittags fragte mich die Stationsschwester, ob ich meinen Mann sehen wolle. Wie lange hatte ich Tom nicht mehr gesehen? Zwei Tage? Eine Woche? Ich hatte überhaupt kein Zeitgefühl mehr. Ganz spontan antwortete ich: „Ja." Für mich war eine Ewigkeit seit unserer letzten Begegnung vergangen.

Es gab eine gewisse Distanz zwischen uns. Ich schämte mich vor Tom, in der Psychiatrie zu sein. Er meinte, ich solle mich fügen, dann gehe alles am schnellsten vorbei. Ich solle ruhig nach dem Essen eine Zigarette rauchen. Ich schämte mich, dass ich so gierig war und nicht nur eine, sondern zwei oder drei Zigaretten hintereinander wegrauchte. Ich war total angespannt. Nach drei Jahren Abstinenz hatte ich wieder mit dem Rauchen angefangen. Nach dem Frühstück, nach dem Mittagessen und nach dem Abendessen gab es jeweils zwei Zigaretten. Manchmal kam ich hinterher kaum von meinem Stuhl hoch und taumelte regelrecht auf Station zurück.

Anfang Juli 1982 erhielt ich einen Brief vom Amtsgericht, dass ich per Gerichtsbeschluss bis Ende August in der Psychiatrie bleiben müsse, also fast zwei Monate, und für diese Zeitspanne sozusagen entmündigt sei. Den Grund konnte ich diesem Schreiben entnehmen: Ich wäre in meinem Zustand ohne Anstaltsbehandlung der Gefahr ernster Gesundheitsschädigung ausgesetzt ... „Für sich" – das konnte ich gerade noch verstehen, jedoch auch „für andere gefährlich" – das konnte ich nicht nachvollziehen. Ich war fix und fertig und fühlte mich von Gott und der Welt verlassen, einsam und unverstanden. Jetzt bereute ich zutiefst, dass ich ein paar Monate vor der Klinikeinweisung meine Medikamente eigenmächtig abgesetzt hatte und somit schutzlos in eine Psychose gerutscht war. Das Weglassen oder Reduzieren von Medikamenten zeigt wie in meinem Fall seine Auswirkungen oft erst Wochen später.

An einem Besuchstag, einem heißen Sommertag, legten sich Tom und ich ins weiche Gras unter einem Baum, dessen Schatten etwas Kühle spendete. Obwohl wir nebeneinander lagen, fühlte ich uns meilenweit voneinander entfernt. Wir schauten uns kaum an und sprachen fast nichts miteinander. Das Zusammensein mit Tom empfand ich als sehr anstrengend. Es war, als ob uns eine Wand trennte.

Aber so ganz langsam schien es doch bergauf mit mir zu gehen. Tom besuchte mich regelmäßig. Oft gingen wir im Wald spazieren, manchmal auch hinunter in den Ort oder setzten uns ins Patientencafé, in das Tom allerdings nicht so gern einkehrte. Ich konnte nur vermuten, dass die Konfrontation mit all diesen Kranken für ihn sehr hart war. Er kam schon mit meinem „Andersein" nicht klar.

Mit Tom im Wald zu sein, empfand ich als eine Wohltat. Die Natur, die Ruhe, die frische Luft ließen mich für eine Weile vergessen, wo ich mich befand. Dieses Gefühl der Erleichterung endete spätestens an der Eingangstür der Station, wenn die Realität zurückkehrte. Werde ich es jemals schaffen, aus der Psychiatrie herauszukommen? Ich fühlte eine schwere Zeit auf uns zukommen.

Bei Toms Besuchen hatte ich den Eindruck, dass er gar nicht richtig anwesend war, sondern mit seinen Gedanken immer wieder abdriftete. Ich spürte, dass er mich ansah, ohne mich zu erkennen. Ich glaubte, dass er keinen Kontakt mit mir aufnahm. Er brachte mir frische Wäsche und gab mir einen flüchtigen Kuss zum Abschied. Unseren Küssen fehlte aber etwas, da war nicht die Verbindung, die ich von früher kannte, Toms Lippen waren nicht weich, er war nicht richtig bei mir. Ich fühlte Unglück auf uns zukommen!

Mit der Zeit durfte Tom mich über das Wochenende nach Hause holen. Daheim ging es mir aber nicht besser als in der Klinik. Wir konnten nichts miteinander anfangen.

Samstagmorgens frühstückten wir zunächst. Währenddessen lockerte ich mich in der Regel etwas, da ich ja in der Zeit des Kauens nicht zu sprechen brauchte. Mein Mund war außer beim Essen wie zugeklebt. Denn ich hatte nichts zu sagen, ja ich vermochte überhaupt nichts zu sagen. Auf der ganzen Linie fühlte ich mich als Verliererin. Bei mir klappte es in keinem Bereich. Keine Arbeit, Ehe kaputt. Kein Funken Hoffnung mehr. Nach dem Frühstück saß ich manchmal eine Stunde auf dem gleichen Fleck, unfähig auch nur irgendetwas zu machen, und fühlte mich schwer wie ein Sack, alt und hässlich.

Wie muss Tom sich wohl gefühlt haben? Unsere Beziehung war endgültig in eine Sackgasse geraten. Toms Verzweiflung spitzte sich zu: „You let me down so much, I am so disappointed." Er sah meinen Zustand als etwas gegen sich Gerichtetes an. Er begriff wenig. Auch ich durchschaute kaum die Zusammenhänge. Alles schien ein schwer entwirrbares Wollknäuel zu sein. Wenn Tom nicht gerade mich besuchte oder bei der Arbeit war, verbrachte er seine Freizeit in der Kneipe bei Bier und am Flipperautomaten. Und er trank viel, aus Verzweiflung?

Endlich kam der 23. August, mein Entlassungstag. Morgens wachte ich schon mit einem Unbehagen auf, das nichts Gutes versprach.

Tom holte mich ab. „Willkommen zu Hause", begrüßte er mich. Wie immer lief im Auto die gleiche Kassette. „Völlig losgelöst von der Erde schwebt das Raumschiff schwerelos ..." bum, bum. Ich hatte so gar nichts Schwebendes an mir, sondern etwas ganz Schweres wie ein Kartoffelsack und konnte dieses Lied nicht mehr hören. Ich getraute mich aber nicht, Tom zu bitten, eine andere Musik einzuschalten. Er hätte den Titel sowieso nicht abgestellt. Und wenn, dann nur mit Widerwillen, vielleicht hätte er auch „fuck off" gesagt. Tom konnte heftig sein, wovor ich Angst hatte.

Zu Hause, wir lebten damals in der Heidelberger Altstadt, fühlte ich mich gar nicht wohl. Dabei hatte ich mich so sehr auf ein Leben in der Stadt gefreut! Man brauchte kein Auto um auszugehen, zum Wochenmarkt waren es zwei Minuten zu Fuß, zum Kino vielleicht fünf.

Meine Arbeitsstelle hatte ich Ende Juni 1982 gekündigt. Mit einem Mal wurde mir bewusst, dass ich überhaupt nicht wusste, wie es nun ohne Arbeit weitergehen sollte. Auch privat stimmte es keineswegs. Mir fehlte jede Perspektive. Sehr viel Unausgesprochenes lag zwischen Tom und mir. Mich erfasste eine Panik, die mich nicht zur Ruhe kommen ließ.

„Tom, ich halt's hier nicht mehr aus. Bring mich bitte nach Mengen zu meinen Eltern", bat ich ihn. Sie bewirtschafteten einen Bauernhof in diesem kleinen Dorf bei Sigmaringen. Meine Mutter stimmte am Telefon sofort zu: „Ja, du kannst kommen." Ich dachte, die gesunde Landluft könne mir helfen, und stellte mir vor, wie früher als Kind gemeinsam mit meiner Mutter im Garten zu arbeiten, um mich zu stabilisieren. Doch ich war mit meinen 29 Jahren kein Kind mehr!

Tom fuhr mich zu meinen Eltern in das 100-Seelen-Dorf. Die Woche über arbeitete er in Mannheim, am Wochenende kam er zu mir. Als Tom sich nach dem zweiten Wochenende in Mengen von mir verabschiedete, nahm er mich ganz fest in seine Arme, schaute mir dabei tief in die Augen: „Julia, I still love you." Ich schöpfte Hoffnung, dass doch noch alles gut werden könne. Das Wörtchen „still" hatte aber einen unheilvollen Beigeschmack.

Bei meinen Eltern verschlimmerte sich mein Zustand jedoch zusehends. Ich fühlte mich immer schlechter. Mein Vater bot mir an, ich könne mich überall frei bewegen, auch im Dorf. Ich bräuchte mich nicht zu genieren. Ein gutes Angebot, doch von mir nicht nutzbar.

Nachts konnte ich nicht schlafen, morgens fühlte ich mich wie durch den Fleischwolf gedreht. Ich bekam wieder diese unerträglichen Schmerzen im Schulter-Nacken-Bereich und erreichte die Grenze zum Wahnsinn. Ich lag im gleichen Zimmer, im rechten Bett, in dem ich auch als Kind geschlafen hatte, und siechte dahin.

So richtig von Herzen kümmerte sich keiner um mich. Mechthild, meine älteste Schwester, kam mal kurz an mein Bett und sagte: „Julia, du Armes." Und husch war sie wieder weg. Meine jüngste Schwester massierte mit viel Ausdauer meinen Rücken, was mir sehr wohltat und momentane Erleichterung verschaffte. Ich hörte Waltraud, eine andere Schwester, sagen: „Die Leute reden, bei Fischers kommen alle wieder heim."

Eines Nachmittags hielt ich es vor Schmerzen kaum noch aus. Ich holte Geld aus dem Küchenschrank, nahm das nächstbeste Fahrrad und fuhr in das sechs Kilometer entfernte Wahlwies. Ich fuhr so schnell, als ob der Teufel hinter mir her wäre. In Wahlwies suchte ich eine Apotheke, um mir Schlaftabletten zu kaufen. Keine Apotheke weit und breit hatte geöffnet. Mittagspause. Ich war verzweifelt und von meiner Radfahrt erschöpft. Da ich kein Kleingeld zum Telefonieren hatte, klingelte ich an irgendeiner Haustür. Eine ältere Frau streckte den Kopf aus dem Fenster. „Hätten Sie bitte 20 Pfennig zum Telefonieren?" Ohne jegliche Nachfrage warf sie mir die Münzen herunter. Aus der Telefonzelle rief ich meine Eltern an und bat sie, mich in Wahlwies abzuholen. Kurze Zeit später waren sie da. Das Fahrrad passte in den Kofferraum. Sie machten mir nicht den geringsten Vorwurf.

Ich kam einfach nicht zur Ruhe. Und ständig diese maßlosen Schmerzen, sodass ich nicht aufrecht stehen konnte. Auch im Liegen fand ich keine schmerzfreie Position. Es war ein Jammer. „Bleib, doch mal auf dem Sofa sitzen", riet mir meine Mutter. Sie meinte es gut mit mir, doch ich konnte es nicht, selbst wenn ich es gewollt hätte.

Meine Mutter und ich waren uns sehr fremd, so jedenfalls empfand ich unsere Beziehung. Sie erreichte mich nicht in meinem seelischen Elend. Sie umarmte mich nicht ein einziges Mal. Ruhelos wanderte ich von einem Zimmer in das andere. Jeder in der Familie wollte mir irgendwie helfen, doch keiner konnte es. Nicht einmal Tom. Und ich mir selbst auch nicht. Ich war nur noch ein Bündel Elend.

Mein Schwager Bernd fuhr mit mir nach Meßstetten zum Naturarzt Dr. Martens. Nur unter größten Schmerzen konnte ich im Auto sitzen. Ich fragte mich, ob dieser Schmerz jemals vorübergehen würde. Ein paar Mal konsultierten wir diesen Arzt. Einmal spritzte er mir in den Bauchnabel und in den Rachen, was teuflisch schmerzte. Ein paar Tage später sollte ich wiederkommen. Die Spritzenbehandlung linderte meine körperlichen Schmerzen überhaupt nicht. Dr. Martens stellte fest: „Die haben Sie ja in der Psychiatrie bös zugerichtet", und an Bernd gerichtet: „Ihr könnt sie nur noch zurückbringen."

Am darauffolgenden Wochenende bat ich Tom: „Nimm, mich wieder mit nach Heidelberg. Hier geht es mir immer schlechter." Ich sah keine Alternative mehr.

Erneut saß ich dem gleichen Aufnahmearzt gegenüber. Ich hatte Probleme, ihn anzuschauen. „Ich kann nicht sprechen", flüsterte ich. „Warum nicht?", fragte er. Ich konnte ihm keine Antwort geben, ich brachte keinen Ton heraus. Ein Pfleger begleitete mich zur Aufnahmestation.

„Sie schon wieder da?", schwätzte die eine oder andere Schwester in meine Richtung. Auch Patienten: „Was Sie!?" Ich hätte vor Scham in den Boden versinken können und fühlte mich stumpf, matt, einsam, unverstanden und hilflos.

„Ich will nichts mehr essen!", sagte ich zur Stationsschwester. „Dann werden Sie halt geschlaucht", reagierte sie prompt. Jedes weitere Wort blieb mir im Hals stecken. Erinnerungen stiegen in mir hoch ...

Nach dem Abitur hatte ich in Münsterhausen in der Schweiz ein Praktikum auf der Pflegestation der Psychiatrie absolviert. Dort wurde eine Frau jeden Tag gegen ihren Willen bis zu dreimal geschlaucht, weil sie nicht essen wollte. Jedes Mal das gleiche Ritual. Die bis auf die Knochen abgemagerte Frau wurde von mindestens zwei Schwestern gepackt, die dritte hielt ihr die Nase zu, sodass sie den Mund zum Atmen öffnen musste, und schob ihr einen dicken Schlauch in den Hals, den sie dann automatisch schluckte. Ein dicker Brei wurde ihr auf diese Weise eingeführt. Die Frau wehrte sich mit Händen und Füßen, führte aber einen aussichtslosen Kampf.

Eine Schwester erzählte mir, dass dieses Häufchen Elend früher eine attraktive Frau gewesen sei, mit schönen langen Haaren. In der Psychiatrie hatte man sie ihr einfach abgeschnitten, damit sie leichter zu waschen waren. Wie stark muss diese Frau wohl früher gewesen sein, wenn so viel Personal gebraucht wurde, sie zwangszuernähren, ging mir durch den Kopf. Ich werde dieses Bild in meinem ganzen Leben nicht vergessen.

Die entsetzliche Angst vor einer Zwangsernährung ließ mich den Gedanken an einen Hungerstreik doch lieber wieder aufgeben. Der Stationsschwester traute ich zu, dass sie ohne viele Worte ihre Drohung wahr machen würde. Gerade bei ihr fühlte ich, dass sie mich nicht leiden konnte. Einmal sagte sie zu mir: „Ha ja, wenn man halt zu geizig ist, in den Urlaub zu fahren, dann wird man eben krank." Später begriff ich erst, wie sie dazu kam, so etwas zu sagen. Jemand muss in meine Krankenakte geschrieben haben, dass ich nie Urlaub gemacht hätte, was überhaupt nicht stimmte.

Die Tage wurden kürzer. Die Blätter verfärbten sich. Ganz langsam wurde es Herbst. Einmal am Tag ging's in den Garten, nicht mehr so lange wie im Sommer. Eine Schwester einer anderen Station fragte mich taktlos: „Sind Sie immer noch da?" Ich schämte mich so und fing an zu hospitalisieren. Im Garten war ich nur erpicht darauf, eine Zigarette zu erwischen, um diese ganz gierig fast zu schlucken, ohne das langsame Einziehen des Nikotins zu genießen. Hatte ich eine Zigarette geraucht, verlangte mein Körper schon die nächste. So ungefähr nach drei Zigarettenlängen hieß es dann wieder „zurück auf Station".

In der Klinik verstrichen die Tage ganz langsam. Ziemlich früh aufstehen, ich glaube so gegen sieben Uhr. Waschen in einem Raum mit drei oder vier Waschbecken. Feuchtwarmer Schweißgeruch! Das Wasser konnte man nicht regulieren, Warm- und Kaltwasserhähne ließen sich nur getrennt aufdrehen. Meine Haare büßten an Glanz ein, weil ich sie nicht richtig pflegen konnte. Mein Selbstbewusstsein als Frau bröckelte immer mehr. Das Badezimmer war ekelhaft, obwohl es jeden Tag geputzt wurde. Man konnte auch keine Handtücher zum Austrocknen hängen lassen, geschweige denn Waschlappen, irgendjemand hätte heimlich deine Sachen benutzt. Ich hasste das morgendliche Waschen in diesem ungemütlichen Bad. So dachte ich eines Morgens, dass es mir vielleicht besser gehen könnte, wenn ich mich überhaupt nicht mehr waschen würde. Gedanken eines Kindes. Einen Tag lang hielt ich das aus. Ich merkte sehr schnell, dass ohne Waschen das Dasein auf der geschlossenen

Abteilung auch nicht besser war. Also wusch ich mich wieder.

Vormittags fand Beschäftigungstherapie statt – Kissen nähen, Topflappen häkeln, töpfern. Und einmal in der Woche, am Freitagnachmittag, gab es Kaffee und Kuchen, untermalt vom Singen alter Volkslieder wie „Schwarzbraun ist die Haselnuss, schwarzbraun bist auch du..." Ich ging nicht gern zur Beschäftigungstherapie. Doch was machte ich schon gern? Mir fiel überhaupt nichts ein. So häkelte ich ungefähr vier verschiedene Bezüge für Sofakissen und stickte Deckchen, wobei ich nur auf die schon vorgezeichneten Kreuze sticken musste. Mehr fiel mir nicht ein. Wozu dieser ganze Mist? fragte ich mich. Alles war so sinnlos, so hoffnungslos. Ich häkelte und strickte nur, damit ich etwas zu tun hatte. Auch in der Beschäftigungstherapie verstrich die Zeit langsam. Am meisten ging mir das Singen beim Kaffeetrinken auf die Nerven. Es wurde eine Fröhlichkeit vorgegaukelt, die nicht echt war. Aber besser Beschäftigungstherapie als keine, denn ohne sie empfand ich den Tag als noch länger. So wurde er wenigstens eingeteilt.

Nach der Beschäftigungstherapie gab es Mittagessen, sehr oft Kartoffelbrei. Auf dem Teller sah er so schmackhaft aus. Doch das täuschte! Der Brei hatte immer einen undefinierbaren, ekelhaften Nachgeschmack! Ich hätte mich übergeben können.

Mit der Zeit ließ die Abneigung gegen das Klinikessen nach und ich stopfte alles in mich hinein. Auch durch die vielen Medikamente, die ich einnehmen musste, verschlechterte sich mein Geschmacksempfinden immer mehr. Bald aß ich Dinge, die ich vorher nicht einmal angerührt hätte. Ich wurde immer dicker und unattraktiver.

Die Pfleger und Schwestern nahmen sich nicht viel Zeit für uns. Die Routine auf der Station, wie Essen und Medikamente herrichten und Betten umstellen, schien die ganze Zeit für ein Gespräch mit den Patienten zu stehlen. Dieses andauernde Bettenumstellen ging mir besonders auf den Geist. Ständig musste man sich an einen anderen Platz gewöhnen. Und was für eine Ungemütlichkeit und Kälte das verbreitete, ist kaum in Worte zu fassen.

Auf Station gab es jedoch einen Krankenpfleger, der sich mehr Zeit als andere für die Patienten nahm. Mit ihm ließ ich mich auf Gespräche ein.

„Es ist noch niemand hier geblieben, so wie ich Sie einschätze, haben Sie es bald geschafft." Seine Worte taten gut und machten Mut. Ausgerechnet dieser Krankenpfleger bekam in seiner Beurteilung des „Umgangs mit Patienten" eine Drei. Das fand ich unerhört.

Oft holte mich die Stationsärztin zum Gespräch in ihr Zimmer. Viel kam dabei nicht heraus. Ich konnte sie nicht akzeptieren, für eine gute Ärztin erschien sie mir zu ausgeflippt. Gut war, dass sie eine Gesprächsrunde mit fünf oder sechs Patienten einführte. Leider fanden aus Zeitgründen ihrerseits nur ein paar Sitzungen statt, dabei waren Gespräche doch gerade für uns Patienten so wichtig.

Vor einer Frau in dieser Gruppe hatte ich unheimliche Angst. Sie wollte mich immer küssen. Ihr stechender Blick ließ mich fürchten. Doch in diesen Gesprächsrunden blühte ich förmlich auf. Am Schluss der zweiten Sitzung sagte ich wie schon nach der ersten: „So, jetzt ist Schluss." Darüber regte sich die

Ärztin auf: „Es ist wirklich nicht nötig, dass Sie jedes Mal die Sitzung beenden."

Für mich bot die Gesprächsgruppe die einzige Möglichkeit in der Psychiatrie, intensiv nachzudenken. Es war die einzige Stunde in der Woche, in der ich auflebte und auf die ich mich freute.

In einem Einzelgespräch erklärte mir die Ärztin: „Frau Golding, Sie müssen Ihre gesamte Persönlichkeit auf den Kopf stellen und neu organisieren. Ich helfe Ihnen dabei, einen Langzeittherapieplatz in Stuttgart zu bekommen. Sie wären dann ein halbes Jahr ganz weg von Heidelberg, auch von Ihrem Mann." Bei diesen Worten bekam ich richtig Bauchweh. Ein halbes Jahr ohne Tom, wie sollte ich das nur aushalten? Die Ärztin verlangte von mir einen Lebenslauf, der die Voraussetzung für die Aufnahme zur Langzeittherapie war. Sie meinte, ich könne jetzt auf die offene Station wechseln, aber wie bisher weiter zur Beschäftigungstherapie auf die geschlossene Abteilung kommen. Meine Aufgabe bestand nun darin, diesen speziellen Lebenslauf zu verfassen. Es sollte kein üblicher sein. Bis heute habe ich nicht verstanden, was sie eigentlich von mir wollte.

Es erfolgte die Verlegung auf die offene, von einem Psychologen und einer Ärztin geleitete gemischte Station. Wir waren in Zweibettzimmern untergebracht. Karge Zimmer, kein Bild an der Wand. Durch das große Fenster schaute ich abends oft auf die Lichter der Stadt. Ich fühlte mich abgeschnitten von der Welt, ausgeschlossen und vergessen.

Würde es für mich jemals eine Wende geben?

Auf der offenen Station ging es mir von Tag zu Tag schlechter. Einmal in der Woche fand ein Gespräch mit einem Psychologen statt, der mir überhaupt nicht lag. Weil ich so verstockt blieb, versuchte er es auf alternative Weise und machte mit mir einen Spaziergang, um mich zu lockern. Es half alles nichts.

Es erfolgte ein Paargespräch, Tom, ich, dieser Psychologe und die zuständige Ärztin. Diese beiden Therapeuten erklärten uns, dass ein Beziehungsproblem zwischen meinem Mann und mir die Ursache meiner Depressionen sei. Sie wollten deshalb mit uns eine Paartherapie durchführen. Tom war einverstanden, aber ich konnte mir eine Therapie mit den beiden nicht vorstellen. Die Ärztin wirkte auf mich kalt wie ein Fisch und der

Psychologe viel zu grob. Diese Eigenschaften verstärkten sich noch, wenn beide gemeinsam anwesend waren. Ich konnte mit beiden nicht.

Einmal in der Woche wurden in einem von einem Krankenpfleger geleiteten Rollenspiel Problemsituationen des Alltags nachgestellt, besprochen und dann noch einmal durchgespielt. Ich profitierte von diesem Angebot nicht, weil ich mich nicht darauf einließ und meinen Aufenthalt in der Klinik sowieso nicht akzeptierte. Im Gegensatz zu mir machte es den meisten auf der Station nicht viel aus, in der Psychiatrie zu sein. Schließlich gab es hier etwas zu essen und man hatte ein Dach über dem Kopf.

Und dann dieser wöchentliche Spaziergang, der Pflicht war. Jeder musste mitgehen. Die Mitpatienten sahen zum Teil richtig verwahrlost aus, hatten schwarze Zähne oder auch Zahnlücken. Ich schämte mich dazuzugehören. Einmal wollte Dieter, ein gut aussehender Mitpatient, meine Hand nehmen, was ich nicht zuließ.

Am schlimmsten ging es bei den Mahlzeiten zu. Vor dem Essen wurde nicht gedeckt, sondern der Küchendienst stapelte die Teller an einem Ende des Tisches und legte das

Besteck daneben. Aus Kübeln schöpfte jeder sich selbst. Bei manchem schwappte das Essen über den Tellerrand. Keiner wischte es weg. Andere schlürften die Speise in sich hinein, es war so richtig unappetitlich. Der Kartoffelbrei hatte immer noch seinen Nachgeschmack. Auf dieser Station konnte ich vor Ekel fast gar nichts essen und verlor so viel Gewicht, dass ich in meine kleinste Jeansgröße passte.

Die Schwestern kümmerten sich so gut wie gar nicht um mich. Niemand gab sich größere Mühe, mich zu erreichen. Sie saßen oft in ihrem Zimmer und strickten. Ich gewann den Eindruck, dass sie sich nicht für meine Probleme interessierten. Ich ließ aber auch keinen an mich heran und war ganz in mich gekehrt.

Ferner gab es ein- oder zweimal in der Woche ein Patientenmeeting mit der Ärztin und dem Psychologen. Alle saßen im Kreis. Ich durchschaute wirklich die ganze Zeit nicht, worum es in diesen Meetings überhaupt ging. Der Psychologe ging dermaßen gereizt mit uns um, dass es menschenunwürdig war. Und die Ärztin verhielt sich auch nicht besser. Einmal befahl mir der Psychologe vor der Gruppe: „Und Sie fahren am Wochenende allein nach Hause, Ihr Mann soll Sie nicht abholen!" Ich gab keinen Kommentar. Dann fügte er etwas lauter hinzu: „Ja!" Ich sagte immer noch nichts. Dann schrie er: „Ja!" Ganz leise erwiderte ich: „Ja." Seitdem war er für mich gestorben. Er hatte bei mir total verschissen. Ich gab ihm keine einzige Chance mehr. Beim nächsten Einzelgespräch teilte ich ihm mit: „Ich kann mit Ihnen nicht." Daraufhin wirkte er sehr enttäuscht und zugleich wütend. Irgendwie, glaube ich, hatte er sich mit mir Mühe gegeben. Ich zeigte aber kein Erbarmen mit ihm, denn ich fand ihn unsympathisch.

Einmal fragte ich ihn, wann ich wieder aus der Klinik herauskäme. „Wenn Sie so weitermachen, überhaupt nicht mehr. Bei Ihnen hilft gar nichts, auch keine Tabletten." Ich glaube, er fühlte sich gekränkt. Ich stand auf und verließ den Raum.

Mir ging es so schlecht, dass es schlechter kaum möglich war. Jeden Tag begab ich mich von der offenen Station etwa 300 Meter weit zur Beschäftigungstherapie, die im Erdgeschoss des Gebäudes der geschlossenen Abteilung untergebracht war. Meistens begleitete mich eine jüngere Mitpatientin. Oft sprachen wir darüber, dass alles keinen Sinn mehr habe. Meine frühere Ärztin sah mich täglich bei der Visite während der Beschäftigungstherapie. Bei dieser Gelegenheit fragte sie mich eines Morgens, ob ich wieder auf die geschlossene Abteilung wechseln wolle, ich würde ja so elendig aussehen. Ich verneinte dies und dachte für mich, dass ich mir durch die Rückverlegung die Möglichkeit, mich umzubringen, nehmen würde. Denn jeden Tag überlegte ich, wie ich meinem Leben ein Ende setzen könne. Für mich war ganz klar, dass ich es machen musste, nur wie – das war die Frage. Einen anderen Weg sah ich nicht.

Ich müsste irgendwie an den Arzneischrank herankommen. Wie eine Katze schlich ich um das Stationszimmer. Ich könnte die Schwester oder den Pfleger in ein Gespräch verwickeln und dann schwupp zugreifen, ging es mir durch den Kopf. Nach ein paar Tagen der Beobachtung lief es genau so ab, wie ich es mir vorgestellt hatte. Ich verwickelte den diensthabenden Krankenpfleger in ein Gespräch und schwupp entwendete ich hinter seinem Rücken ein ganzes Röhrchen der Schlaftabletten „Dominal forte".

„Forte", das war mehr, als ich erhofft hatte. Gott sei Dank war das Röhrchen fast ganz voll. Es hatte sich gelohnt. Daraufhin fühlte ich mich leichter, da ich mir jetzt sagen konnte, heute Abend ist es so weit. Ich werde alle Tabletten schlucken! Ich sprach mir Mut zu. Den Diebstahl bemerkte keiner.

Abends legte ich mich ins Bett und dachte, jetzt ist es so weit. Wenn ich erst mal eine Tablette geschluckt habe, ist die Hemmschwelle überwunden. Ich schluckte alle.

Die Zeit verstrich, ich wartete auf die Müdigkeit, ich wartete auf das Sterben. Doch anstatt müde zu werden, wurde mein Kopf immer wacher. Paradoxe Wirkung! In meinem Kopf fing es an, ein bisschen zu säuseln. Abrupt bekam ich Angst, dass ich mir durch die Überdosierung bleibende Schäden zugefügt haben könnte, dass ich trotz der Tabletten nicht sterben würde.

Ich ging zur Nachtwache und lallte: „Ich habe Tabletten geschluckt." Was hätte ich dafür gegeben, wenn mich der Pfleger auch nur ein bisschen gehalten, mir nur ein wenig Wärme gegeben hätte.

Sanitäter kamen. Man legte mich auf eine Trage und fuhr mich mit dem Krankenwagen in die Krehlklinik, wo man mir bei vollem Bewusstsein den Magen auspumpte.

Ich rief Tom von dort aus an und sagte ihm, dass ich Tabletten geschluckt hätte. Sein Kommentar: „Ich besuche dich dann wieder auf Station." Tom bewegte sich schon ganz weit fort von mir.

Nach kurzem Aufenthalt in der Krehlklinik wurde ich wieder auf die geschlossene Abteilung in Weinheim zurückverlegt. Der Psychologe der offenen Station kam vorbei und sprach mit mir in recht gereiztem Ton: „Ein zweites Mal komme ich nicht! Wenn Sie diese enorme Kraft, die Sie gebraucht haben, um Tabletten zu klauen, einsetzten, um gesund zu werden, dann würden Sie es schaffen." Seine Worte gingen zum einen Ohr rein, zum anderen raus. Er fand, dass viel Intelligenz dazugehörte, auf diese Art und Weise Tabletten zu klauen. Aber ich empfand mich nicht als intelligent.

Ich bekam noch einmal die Chance, die ich nicht als eine solche empfand, zurück auf die offene Station zu dürfen. Ich äußerte nicht klar und deutlich, was ich wollte, sondern ließ alles mit mir geschehen. Ich wurde nicht selbst aktiv. War dies der Knackpunkt?

An einem Samstag wollte mich Tom über das Wochenende nach Hause abholen. Wir verabredeten uns für zehn Uhr unten an der Straße. Viertel nach zehn – kein Tom da, halb elf – noch immer kein Tom. Hatte er mich vergessen? Oder wollte er mich nicht mehr abholen? Bei jedem roten Auto dachte ich, jetzt kommt er. Tom kam nicht. Um viertel vor elf rief ich aus der Telefonzelle an. Ich konnte fast die Nummer nicht wählen, so klamm waren meine Finger. Auf Handschuhe hatte ich verzichtet, weil ich damit gerechnet hatte, dass Tom mich zur ausgemachten Zeit abholte. Am Telefon meldete sich eine ganz verschlafene Stimme: „Sorry, I didn't hear the alarm. I'll dress and pick you up straight away." Mein erster Gedanke, Gott sei Dank, es gibt ihn noch. Während ich wartete, hing ich so meinen Gedanken nach...

Eigentlich behandelte mich Tom nicht oft grob. Doch an eine Situation erinnerte ich mich: Tom holte mich an einem Wochenende ab. Wir fuhren über das Familia-Center nach Hause, um noch Lebensmittel einzukaufen. Da fuhr mich Tom an: „Wie kannst du nur so fettige Haare haben, so richtig ungepflegt. So wärst du früher nicht herumgelaufen. Du kannst im Auto sitzen bleiben." Und ich blieb doch tatsächlich brav im Wagen sitzen. Meine Haare fetteten jetzt viel schneller als vor meiner Klinikeinweisung. Und ehrlich gesagt wusch ich sie am liebsten zu Hause. Da konnte ich das Wasser regulieren und mir meine Zeit nehmen. Meine Haare, früher mein ganzer Stolz, pflegte ich mit besonderer Hingabe. Fein waren sie, aber fast immer sauber, und sie glänzten! Deshalb traf mich Toms Kritik besonders hart. Ich konnte mich gegen ihn einfach nicht durchsetzen. Er besaß eine große Macht über mich.

Endlich kam er angefahren. „Excuse me for being late." Eine späte Nacht stand ihm ins Gesicht geschrieben. Was sollte ich sagen? Man konnte ja wirklich mal verschlafen. Ich fühlte mich weniger wert als ein Spatz und war froh, dass er mich überhaupt abholte. Ich hatte null Selbstwertgefühl.

Die Wochenenden zu Hause bestätigten mir, dass das Leben keinen Sinn mehr hatte, dass ich mich umbringen musste. Ich sah keinen anderen Weg mehr. Zwischen Tom und mir war der Draht gerissen.

Tag für Tag überlegte ich, wie ich mich umbringen könnte. Ja! Ich könnte mich unter ein Auto werfen. Wenn ich abends in der Klinik im Bett lag und die Autos unten in der Stadt fahren hörte, dachte ich, morgen mach' ich es. Und am nächsten Tag schaffte ich es wieder nicht. Manchmal fand ich die ganze Nacht keinen Schlaf. Manchmal beruhigte ich mich mit dem Gedanken, dass es mir am nächsten Tag gelingen würde. Oft bekam ich Horrorvisionen und sah mich verletzt auf der Straße liegen: Beine zerquetscht, Arme zerquetscht, Bauch zerquetscht, die Gedärme quellen heraus, aber ich lebe noch und bin mein ganzes Leben lang ein Krüppel. Nein! Das wollte ich nicht. Eine junge Frau der offenen Station war von einer Brücke gesprungen und sitzt seither im Rollstuhl. Ein Leben lang im Rollstuhl, das fand ich unerträglich.

Ich war wie besessen von dem Gedanken, mich umzubringen. Ich müsste eine Selbsttötungsmethode finden, die mit hundertprozentiger Sicherheit hinhaute. Nie machte ich mir Gedanken, wie ich wieder hochkommen könnte. Ich war total negativ. Irgendwann ließ ich von dem Gedanken ab, mich unter ein

Auto zu werfen, weil ich merkte, dass ich dies nie und nimmer schaffen würde.

Ich könnte Katzenbetäubungsmittel kaufen, Wattebällchen darin tränken und diese in die Nase stopfen. So hat's schon mal jemand gemacht, grübelte ich. Am darauffolgenden Abend schlief ich besser ein, weil ich mir sagte, am nächsten Tag würde ich es machen, ganz bestimmt, diesmal ganz sicher.

Am nächsten Morgen brach ich zur gewohnten Zeit zur Beschäftigungstherapie auf, ging aber nicht dorthin, sondern geradeaus in Richtung Stadt. Jetzt ist es soweit, jetzt kann ich mir beweisen, dass ich doch stark bin, dass ich es schaffe, mich umzubringen. Ich steuerte auf die nächste Apotheke zu und äußerte meinen Wunsch: „Haben Sie ein Mittel, um Katzen zu betäuben?" Der Apotheker zeigte mir eine Flüssigkeit. „Gut, die nehm' ich und bitte noch Watte." Ich bezahlte und verließ die Apotheke.

Warum merkte dieser Mensch nichts? Er musste doch gespürt haben, dass ich etwas vorhatte. Unterwegs bestellte ich mir in einem Lokal einen Kaffee. Ich nippte ein bisschen an der Tasse, dann begab ich mich mit

Watte und Betäubungsmittel in der Handtasche auf die Toilette.

Jetzt war es soweit, jetzt wollte ich es machen. Die Watte in das Betäubungsmittel tränken und in die Nase stopfen. Wird die Flüssigkeit meine Nasenschleimhäute verätzen, überlegte ich. Mich packte die Angst. Ganz zaghaft schob ich ein bisschen das nasse Wattebällchen in die Nase. Hilfe! Panik erfasste mich. Nein! So konnte ich es nicht machen. Ich packte meine Selbstmordsachen wieder ein. Die Flasche mit dem Gift ließ ich einfach zurück.

Was nun? Ich kann jetzt doch nicht einfach zurück auf Station gehen. Ich schaffe ja gar nichts, was ich mir vorgenommen habe. Nicht einmal umbringen kann ich mich! Umkehren, das kann ich jetzt nicht. Es gibt kein Zurück, so kreisten meine Gedanken.

Ich lief durch den Ort, Richtung Bahnhof. Eine Möglichkeit gab es noch. Ich werfe mich unter einen Zug. Keiner darf meine Absicht merken, sonst könnte mein Plan noch verhindert werden. Ich bewegte mich auf den Schienen. Dabei fror ich an den Händen. Wieder hatte ich keine Handschuhe an. Was werde ich tun, wenn ein Zug auf mich zurast? Werde ich zur Seite springen? Oder lasse ich mich von der Bahn überrollen? Alles ist bestimmt ganz schnell vorbei. Ich ging und ging. Schwer setzte ich einen Fuß vor den anderen. Meine Hände waren inzwischen schon violett angelaufen. Wenn ich mich mit Schlaftabletten auf die Schienen legte, dann würde ich gar nichts spüren, sinnierte ich. Eine hundertprozentige Sache! Ungefähr eine halbe Stunde folgte ich den Schienen, so genau weiß ich es nicht mehr. Ich hatte überhaupt kein Zeitgefühl. Es kam kein Zug.

In der Ferne sah ich einen Bahnhof, den ich anpeilte. Ich stieg in den davorstehenden Bus. „Nach Weinheim, einfach bitte." Ich zahlte und setzte mich auf einen Fensterplatz. Wieder hatte ich es nicht geschafft! Denn es war kein Zug gekommen.

Mein Weg führte zurück auf Station. Sofort erfolgte ein Gespräch mit dem diensthabenden Arzt, den ich vorher noch nie gesehen hatte. Er sprach ganz menschlich mit mir. „Was Sie mitgemacht haben müssen", sagte er empathisch. Ich glaube, diesem Arzt hätte ich mich anvertrauen können, doch ich sah ihn nie wieder.

Nach meiner Rückkehr fühlte ich mich eine Weile total locker. Die vorherige Anspannung löste sich. Für ein paar Stunden konnte ich sogar der Klinik und ihren warmen Räumen etwas Positives abgewinnen. „So entspannt habe ich Sie noch nie erlebt", staunte eine Krankenschwester beim Gardinenaufhängen. Ich dachte, so schlimm ist es hier gar nicht. Mache ich es mir doch einfach gemütlich. Bald aber löste sich dieses Gefühl der Erleichterung wieder in Luft auf.

Jetzt musste ich natürlich auf der Geschlossenen bleiben. Ehrlich gesagt war es mir lieber so. Meine Kleider brachte man mir in einem blauen Müllsack. Der Psychologe der offenen Station kam kein zweites Mal. Er hielt sein Wort. Gott sei Dank! Innerhalb von drei Monaten war ich somit das dritte oder vierte Mal in der geschlossenen Abteilung gelandet.

Inzwischen hatten wir Ende November 1982. Man konnte nicht mehr wie im Sommer stundenlang in den Garten gehen, sich ins Gras legen oder einen Liegestuhl erwischen, um dann eine Zigarette nach der anderen zu plotschen. Manchmal täuschte unser Rumliegen im Psychiatriegarten auch eine Idylle der Harmonie und des Friedens vor. Die Sommersonne verschönte alles und vertuschte die schlimme Realität. Wir waren ein Haufen von Menschen, die lange Zeitspannen nicht zueinander in Beziehung treten konnten. Diese krankhafte Beziehungsstörung brachte automatisch einen bestimmten Abstand mit sich. Dennoch fanden sich manche und wurden Freundinnen. Auch ich traf in der Klinik liebe Menschen.

Da gab es Jenny, eine zwei bis drei Jahre jüngere Amerikanerin, die eine Zeitlang im gleichen Zimmer lag. Sie hatte dichtes, langes Haar. Jeden Tag musste ich es ihr nach dem Mittagschlaf zu einem Pferdeschwanz hochbinden. Sie ließ nur mich an ihre Haare heran. Jenny war überhaupt ein verwöhntes Kind. Beim Spazierengehen griff sie gern nach der Hand des Pflegers. Ein bisschen beneidete ich sie schon, weil sie ihr Bedürfnis nach Zuwendung so ohne Umschweife ausdrücken konnte. Wenn Jenny mittags über das Essen motzte, musste ich ein wenig schmunzeln. Sie schimpfte: „Diesen Schweinefraß kann ich nicht essen. Pfui Teufel!" Und dabei musste man ihr Gesicht sehen, denn sie zog ulkige Grimassen. Jenny ließ ihren Gefühlen freien Lauf. Das Essen schmeckte ja auch wirklich nicht gut. Aber es blieb einem schließlich nichts anderes übrig als zu essen, was einem vorgesetzt wurde.

Im Sommer hatten Jenny und ich im Garten die Liegestühle zusammengestellt. Ein großer Kastanienbaum spendete uns Kühle.

„Lass' uns singen, Julia!", schlug Jenny des Öfteren vor. „Julia, let's sing a song!" Wir sangen Lieder von den Beatles wie „Hey Jude, don't be afraid" oder „Help me get my feet back on the ground, won't you please, please help me?" Wir sangen ganz wehmütig, so wie es in uns aussah.

„Es ist schrecklich hier", klagte Jenny. „Du hast recht", stimmte ich ihr zu. Ich konnte Jenny gut leiden. Im Oktober, lange Zeit vor mir, wurde sie entlassen. Ich vermisste sie sehr.

Dann lag eine Stefanie auf meinem Zimmer, auch sie ein paar Jahre jünger als ich. Immer wieder kamen neue Patienten oder auch alte wie ich auf Station. Das Letztere nennt man „Drehtürpsychiatrie".

„Was!? Sie sind immer noch da?", wurde ich von allen Seiten gefragt. Ich hätte in den Boden versinken können. Ich schämte mich so, dass ich es immer noch nicht gepackt hatte, die Klinik zu verlassen, und empfand keinen Funken Hoffnung in mir. Ich hatte das Gefühl, alle zu überdauern. Den Gedanken an einen Selbstmord hatte ich in der Zwischenzeit aufgegeben.

An einem Tag im November eröffnete mir Tom, er habe kein Interesse mehr an unserer Beziehung. Seit Monaten kamen mir erstmals die Tränen. „Du hast mir versprochen, dass du mich nie verlässt", weinte ich.

„Ich habe kein Interesse mehr", betonte Tom. Er teilte es mir mit, während wir zu Fuß nach Weinheim ins Café gingen. Tom hielt es nicht mehr mit mir aus, weil sich immer noch keine positive Veränderung abzeichnete. Wenn selbst ich keine Hoffnung in mir spürte, wie sollte er da eine empfinden? Alles war zerstört, wie sollte ich da wieder hochkommen? Ich glaube, zu dieser Zeit kam die Wende in mir.

Der Herbst zog vorbei, der Winter kündigte sich an – drei verschiedene Jahreszeiten erlebte ich in der Klinik. Tom teilte mir mit, dass er über Weihnachten zu seinen Eltern nach England fahren würde. Weihnachten in der Klinik, Weihnachten in der Klinik. Ich konnte es gar nicht fassen. In meinem Kopf drehten sich die Gedanken.

Aus Mengen erhielt ich ein Päckchen mit einem Christstollen, sechs Kerzchen und einem Buch von Ephraim Kishon. Keiner kam auf die Idee, mich über die Feiertage nach Mengen zu holen. Vielleicht saß auch der Schock noch zu tief, wie schlecht es mir dort im Sommer gegangen war. Ich hätte das Päckchen an die Wand klatschen können. Vielleicht hat mich die Familie auch aufgegeben, quälte ich mich, und ich bekomme nun Jahr für Jahr ein Päckchen zu Weihnachten und vielleicht noch eines zum Geburtstag. Irgendwann im Laufe Zeit werde ich vergessen. Vielleicht wie die zwangsernährte Frau, an die ich mich erinnerte. Meine Gedanken schmerzten mich sehr. Dann würde es heißen, eine Tochter von Fischers ist halt nicht ganz richtig im Kopf. Sie muss in der Anstalt leben. Da kann man nichts mehr machen. Mit dem Päckchen fühlte ich mich noch einsamer als zuvor, von Gott und der Welt verlassen.

Den Stollen gaben mir die Schwestern nicht im Ganzen, sondern er wurde von ihnen aufbewahrt und verwaltet. „Kann ich bitte ein Stück Stollen haben?", so musste ich um jede

Scheibe bitten. Beschränkung und Begrenzung auf der ganzen Linie. Man durfte es sich mit den Schwestern nicht verderben, das hätte alles nur noch schlimmer gemacht. Da waren ein paar Kaliber dabei!

So ganz allein, wie ich mich fühlte, war ich trotzdem nicht. Ralf, der frühere Freund einer meiner Schwestern, lud mich am ersten Weihnachtsfeiertag zu sich nach Hause zum Essen ein. Er lebte mit seiner Freundin Bärbel zusammen. Zu Ralf hatte ich ein Vertrauensverhältnis, wir kannten uns schon lange. Nach dem Essen fuhren wir nach Wilhelmsfeld zum Wildschweingehege, um die Tiere zu füttern. Ich sprach kein Wort, Tom fehlte mir. „Julia, ist es dir zu viel, du bist so schweigsam?", fragte mich Bärbel. Ich konnte nicht antworten. So depressiv fühlte ich mich. Der Schmerz saß so tief. Ich vermochte auch nicht zu weinen. Was wird Tom jetzt in diesem Moment wohl machen, grübelte ich.

Seit in Mengen bekannt war, dass Tom nicht mehr mit mir zusammensein wollte, bekam ich fast täglich einen Anruf, die meisten von meiner Mutter. Auch Annelie, meine Lieblingsschwester, rief mich oft an. Manchmal konnte ich am Telefon kein Wort herausbekommen oder ging, wenn ich ganz, ganz unten war, schon gar nicht mehr dran.

Tom besuchte mich erst im neuen Jahr wieder. Er trug seinen Parka, die Kapuze bis in die Stirn gezogen, und ließ den Bart stehen, sodass er wie ein Bär aussah. „Happy New Year", sagte er und gab mir förmlich die Hand. Es befremdete mich sehr, dass Tom mir nicht einmal einen Kuss auf die Wange gab. Es versetzte mir einen Stich, dass er mich auch nicht in den Arm nahm. Doch was erwartete ich von ihm? Er hatte mir gesagt, dass er kein Interesse mehr an unserer Beziehung hätte. Und dementsprechend verhielt er sich. Es war schwer für mich und schwer für Tom.

Mit Stefanie ging ich oft spazieren. An einem Januartag war es besonders schön. Frischschnee hüllte die Anstalt in einen weißen Schleier. Die Luft war kalt und klar. Die Sonne schien. Meine Schritte hinterließen Spuren im Schnee. Die kalte Luft kitzelte wohltuend frisch in der Nase. Für kurze Zeit fühlte ich Energie in mir aufsteigen. Vielleicht schaffe ich es doch noch, aus der Klinik herauszukommen.

Die Tage auf Station schleppten sich dahin. Am Feiertag „Heilige Drei Könige" stellte man die Tische zu einem Hufeisen zusammen. Wir bekamen haufenweise Süßigkeiten, die ich pausenlos in mich hineinfutterte. An diesem Nachmittag wurde mir voll bewusst, wie weit unten ich mich bewegte. Ich war auf der anderen Seite gelandet. Vor der Klinikeinweisung war ich diejenige, die als Erzieherin Festlichkeiten plante, organisierte und durchführte, die mit den Kindern Krippenspiele einstudierte. Und jetzt saß ich hier in der Psychiatrie, vollgefressen, unbeweglich, fast zehn Kilo schwerer als bei meiner ersten Einweisung. Ich fühlte mich schwer, unattraktiv und alt. Weil ich oft nicht schlafen konnte, bildeten sich unter meinen Augen dicke Tränensäcke, ausgeprägter denn je. Was war aus der flotten Julia geworden, die früher auf jeder Fete dabei war? Ein unsicheres Häufchen Elend. Ich sah nicht aus wie 29, sondern eher wie 40. Die Zeit schlich dahin.

Inzwischen leitete Dr. Arnold die Aufnahmestation. Bei einem Einzelgespräch sagte Frau Dr. Fest zu mir, sie würde sich andauernd mit ihm wegen meiner medikamentösen Einstellung überwerfen. Doch sie ließe sich von einem Mann nicht dreinreden. Ich konnte nicht verstehen, dass sie einer Patientin gegenüber Uneinigkeiten bezüglich der Behandlungsmethode erwähnte. Sie meinte, ich dürfe den Konflikt zwischen ihr und Dr. Arnold ruhig mitbekommen, schließlich gehe es ja um mich.

Ich glaube, sie hatte große persönliche Probleme. Trotz ihres enormen Engagements konnte ich sie nicht ernst nehmen. Äußerlich sah sie aus wie ein Papagei, Kleidung und Make-up waren grell. Sie trug immer ganz hohe Schuhe. Und wenn sie lachte, schmerzte der schrille Klang in den Ohren. Mich störte ihr lautes, volles Lachen besonders, da ich mich selbst meistens nicht gut fühlte. Frau Dr. Fest übte ihren Beruf aus vollem Herzen aus, das merkte man. Trotzdem verfehlte sie, zumindest bei mir, ihr Ziel.

Da mir das ewige Nichtstun auf die Nerven ging, wollte ich gerne in die Kochgruppe. Denn ich dachte, dort könne ich etwas Sinnvolles lernen. Kochen könne nichts schaden. Da sagte Frau Dr. Fest doch tatsächlich zu der Leiterin, dass ich die Kochgruppe sowieso nicht durchhalten würde. Oh, was kriegte ich für eine Wut! Am nächsten Tag beschwerte ich mich während des Meetings bei ihr, dass ihre Aussage eine Unverschämtheit gewesen sei. Dr. Arnold war auch anwesend. Frau Dr. Fest stritt alles ab und beteuerte, dass sie das nicht gesagt habe. Sie könne ja auf der Stelle die Kochleiterin heraufrufen und wir würden alles klären.

„Das machen Sie nicht!", sprach Dr. Arnold ein Machtwort. Ich kam in die Kochgruppe und hielt durch. Nach meiner Erinnerung war es das einzige Mal, dass ich so bestimmt in der Klinik auftrat und so fest meine Meinung kundtat.

Die Zeit verstrich und es wollte mit mir nicht so recht aufwärtsgehen.

An einem Morgen war bei der Tabletten-verteilung auch Dr. Arnold anwesend. Ich sagte ihm, dass ich ab sofort weniger Tabletten einnehmen wolle. „Das geht nicht einfach so, wir müssen darüber sprechen", erwiderte er. Ich drehte mich um und verließ den Tagesraum. Auf jeden Fall musste ich das Lithium noch nehmen.

Annelie rief oft an. Sie studierte damals Psychologie. Auf einem Psychologenkongress hörte sie von der Praxis Dr. Hand in Heidel-

berg. Sie meinte, dass ihre analytische Thera-
pierichtung vielleicht die bessere Lösung für
mich sei und die Langzeittherapie die schlech-
tere. Ihrer Meinung nach würde die Ehe mit
Tom vollends auseinanderbrechen, wenn wir
ein halbes Jahr räumlich getrennt wären.
Annelie gab mir außerdem die Adresse einer
Psychologin in Ziegelhausen.

Ich berichtete Dr. Arnold von meinem Vorhaben, die Therapie in der Praxis Dr. Hand
fortzusetzen. Er sagte, ich solle noch ein
wenig warten, es sei noch ein bisschen früh.
Ein leichtes Gefühl von Geborgenheit streifte
mich. Mitte Januar startete ich meinen zweiten Anlauf und teilte Dr. Arnold mit, dass ich
jetzt so weit sei, die Klinik zu verlassen. Ich
befürchtete, dass er mich noch ein paar Tage
zurückhalten wollte. Doch dem war nicht so.

„Sie können ja in eine therapeutische
Wohngemeinschaft gehen", schlug Dr. Arnold
vor. „Nein, ich gehe nach Hause", erwiderte
ich. Kaum sichtbar nickte er mit dem Kopf.
„Kommen Sie noch einmal vorbei, Frau
Golding?" „Nein, das möchte ich nicht", antwortete ich. „Ich habe mich so lange um Sie
gekümmert, ich fände es schön, wenn wir uns
noch einmal sehen würden", fuhr er fort.

„Okay", lenkte ich ein und wir vereinbarten einen Termin für die darauffolgende Woche.

Ich hielt mein Versprechen und kam zu verabredeter Zeit in die Klinik. Auf mein Klopfen hin öffnete Dr. Arnold die Tür und bat mich einzutreten. „Nehmen Sie Platz, Frau Golding." „So, ich bin noch einmal gekommen", kommentierte ich. „Sie sehen schon viel besser aus. Geht's einigermaßen, Frau Golding?", fragte der Arzt. „Danke, es geht", schloss ich das Gespräch. Viel mehr sprachen wir nicht miteinander. Zum Abschied gaben wir uns die Hand.

Somit war ich nach sieben langen Monaten endgültig aus der Klinik entlassen. Als gebrochene Frau kehrte ich in unsere gemeinsame Wohnung zurück, ohne private oder berufliche Perspektive. Immerhin holte Tom mich ab, doch uns teilten Welten.

Tom richtete sich das hintere Zimmer ein. Von nun an waren bei uns Tisch und Bett getrennt. Tom lebte sein Leben, ich meins, nicht gegeneinander, nicht miteinander, sondern nebeneinander. Ich stand vor dem absoluten Nichts und war immer noch sehr, sehr depressiv.

Ich fuhr zu Ralf, dem Exfreund meiner Schwester Anita, der als Sozialarbeiter in der Psychiatrie arbeitete. Wenn mir einer helfen konnte, dann er. „Ralf, ich brauche unbedingt eine Beschäftigung, sonst gehe ich noch ganz kaputt", drängte ich ihn. „Es ist nicht so einfach, auf die Schnelle etwas zu finden", reagierte er. Doch innerhalb von zwei Tagen hatte er eine Beschäftigung für mich, und zwar eine Arbeitserprobung in einer Universitätsbücherei, gerade bei mir um die Ecke. Diese sollte mir helfen, den Tag zu strukturieren. Das brauchte ich. Ich konnte morgens nicht einfach im Bett liegen bleiben.

Die mich anleitende Bibliothekarin war sehr nett. Sie erklärte mir ganz genau, was ich zu tun hatte, und übte trotzdem keinerlei Druck aus. Wenn es für mich im Büro nichts mehr zu tun gab, schickte sie mich Bücher sortieren: „Sie könnten mal E bis G ordnen!" Ich ging in den Bibliotheksraum, schaute die Bücher durch und stellte sie in der richtigen Reihenfolge auf. Während meiner Beschäftigung hing ich so meinen Gedanken nach. Bibliothekarin, das wäre kein Beruf für mich, das wäre mir zu ruhig. Ich wollte doch mehr mit Menschen zu tun haben. Später, lange nachdem die Arbeitserprobung abgeschlossen war, besuchte ich meine frühere Anleiterin und brachte ihr Pralinen vorbei, weil sie so nett zu mir gewesen war, worüber sie sich sehr freute.

Während der Arbeitserprobung begann ich die Gruppentherapie bei Frau Dr. Hand. Zunächst fand das Vorstellungsgespräch statt: „War bei Ihnen ein so langer Klinikaufenthalt überhaupt nötig?", fragte sie mich. Ich zuckte mit den Achseln. „Was versprechen Sie sich von einer Therapie bei mir?", fuhr sie fort. „Vielleicht bekomme ich eine andere Weltsicht", antwortete ich.

Ich erzählte ihr, dass die Ärztin in der Klinik mich für ein halbes Jahr zur Langzeittherapie nach Stuttgart hatte schicken wollen, was ich jedoch abgelehnt hätte. „Es ist besser, in der gewohnten Umgebung zu bleiben", kommentierte dies Frau Dr. Hand.

Wir unterhielten uns noch länger und sie bot mir einen Therapieplatz an. Ich hatte Glück: Frau Dr. Hand war gerade dabei, eine neue, analytisch orientierte Therapiegruppe zusammenzustellen, an der ich teilnehmen konnte. Jetzt war ich heilfroh, dass ich mich nicht auf eine Langzeittherapie, weit weg von Tom, eingelassen hatte.

Ich lebte mich schnell in der Praxis Dr. Hand ein. Es bestand die Möglichkeit, sich auch außerhalb der Therapiestunden in den Räumen aufzuhalten. Verschiedene Aktivitäten wurden von den Patienten geleitet. Mir ging es zwar noch nicht gut, doch hier hatte ich eine Anlaufstelle.

In der Gruppentherapie arbeitete ich ganz eifrig mit. Ich wollte weiterkommen, mich entwickeln und ergründen. Manchmal, so fand ich, fehlte es den anderen Gruppenmitgliedern an Ernsthaftigkeit. Sie dachten wohl, sie befänden sich in einer Freizeitrunde, was manchmal noch durch ein halbes Gläschen Wein während der Therapiesitzung verstärkt wurde. Unmut stieg in mir auf! Doch sobald ich mich beschwerte, nahm Frau Dr. Hand den roten Faden wieder auf und wir arbeiteten konzentriert weiter.

Anfangs setzte sich die Gruppe aus acht Frauen und Männern zusammen. Dann stürzte sich eine Patientin den Steinbruch in Weinheim hinunter. Obwohl mir Moni nicht sehr nahe gestanden hatte und mir nicht sehr sympathisch gewesen war, machte mich ihr

Tod sehr betroffen. Sie hatte mit Thomas, einem Gruppenmitglied, ein Verhältnis gepflegt, welches auseinandergebrochen war. In der Gruppentherapie sprachen wir über Monis Suizid. Thomas äußerte, er habe sie gern gehabt. Für sie war er seit vielen Jahren der erste Sexualpartner. Frau Dr. Hand konnte kaum begreifen, dass diese Beziehung in der Gruppe nie Thema gewesen war. Monis Mutter lastete den Selbstmord unserer Therapeutin an. Das war natürlich Quatsch! Frau Dr. Hand erzählte, Moni habe viele Jahre in Heidelberg im Untergrund gelebt, ohne dass ihre Psychosen behandelt worden seien. Am Ende einer Therapiesitzung sagte Frau Dr. Hand einmal zu mir: „Moni und Sie haben das gleiche Krankheitsbild, mit dem einen Unterschied, dass Sie als Frau immer eine Chance hatten." Ich schaute die Ärztin mit großen Augen an und war gleichzeitig geschockt. Ich identifizierte mich keineswegs mit Moni, wegen ihres ungepflegten Äußeren hatte ich sie eher abstoßend gefunden. Und auch sonst konnte ich nicht viel Gemeinsames entdecken.

Ich möchte noch Dirk erwähnen, ein anderes Gruppenmitglied. Er wollte sich geschlechtsumwandeln lassen, und das trotz seiner ausgesprochen männlichen Gesichtskonturen. Wenn ich ihn in Frauenkleidern sah, musste ich mich beherrschen, nicht zu lachen. Er sah so komisch aus. Eines Abends bestand Dirk darauf, zu mir nach Hause zu kommen, um sich von mir schminken zu lassen, was mich sehr befremdete.

In der Praxis Dr. Hand wurde ich mit den unterschiedlichsten Charakteren konfrontiert! Ich hätte mir nicht träumen lassen, dass es auf der Welt so sonderbare Menschen gibt.

Frau Dr. Hand therapierte eine sehr schwierige Klientel. Zu ihr kamen viele Schwerkranke, chronisch Kranke und Psychotiker, die andere Therapeuten nicht aufgenommen hatten. Für viele bot sie die einzige Chance, überhaupt einen Therapieplatz zu bekommen.

Frau Dr. Hand arbeitete sehr intensiv und setzte ihre ganze Kraft ein. Für mich bewegte sie sich ganz oben. Ich erlaubte keinem, sie in irgendeiner Art und Weise zu kritisieren.

Ich lebte vom Krankengeld, mit dem ich gut auskam. Ein Jahr lang stand es mir zu. Danach musste ich mich von der Amtsärztin auf dem Gesundheitsamt untersuchen lassen, ob ich wieder arbeitsfähig sei. Die Ärztin war sehr freundlich zu mir. „Sie haben schöne Socken an", bemerkte sie nebenbei. „Die habe ich während meines Klinikaufenthaltes gestrickt", kommentierte ich. Wir unterhielten uns noch ein bisschen. Ich erklärte ihr, dass ich noch ein bis zwei Monate bräuchte, um wieder arbeitsfähig zu werden. Sie akzeptierte dies völlig.

Tom blieb abends selten zu Hause. Er machte, was er wollte, und lebte sein Leben. Ich hatte kein Recht, ihn zu reglementieren. Manchmal traf er sich auch mit Frauen. An einem Freitagabend putzte er sich besonders heraus. „Ich gehe mit Jack weg", meldete sich Tom bei mir ab. Später gestand er mir jedoch die Wahrheit: „Ich war mit einer Frau verabredet." „Was macht sie?", wollte ich wissen. „Sie ist Sekretärin." „Das ist ja lachhaft, eine Tippse", kommentierte ich. Obwohl mir gar nicht zum Lachen zumute war, spielte ich die Überlegene.

Etwas ernster schien es Tom mit einer ganz jungen Schwesternschülerin zu sein, die er in seinem Stammlokal in der Unteren Straße traf. „Es ist schön, sich zu verlieben. Sie ist siebzehn und blond", so beschrieb er sie. „Das ist ja lächerlich, siebzehn, sie ist ja noch ein Kind", reagierte ich, mischte mich jedoch nicht weiter ein. Warum auch? Tom hatte sich gegen mich entschieden.

Ich kaufte mir Wolle für einen Pulli, mit irgendetwas musste ich mich ja beschäftigen. Ich fühlte mich so schwer, so unbeweglich, so unattraktiv. Klar, dass Tom sich von mir abwandte! Ich konnte mich ja selbst nicht leiden. Mit meinen 29 Jahren fühlte ich mich hundsalt. Die Depressionen hatten ihre Spuren auch in meinem Gesicht hinterlassen, mein Teint war fahl, den Augen fehlte jeglicher Glanz. Ich fühlte mich so elend auf dieser Welt. Würde ich jemals wieder lachen können?

„Du siehst auch nicht mehr so aus wie früher. Ich will mit dir nicht mehr zusammen sein. Ich liebe dich nicht mehr", eröffnete mir Tom. Jedes seiner Worte traf mitten ins Herz. In jener Zeit hatte Tom schlechten Umgang. So verbrachte er mit einem Nachbarn viel Zeit in Kneipen. Manchmal achtete er nicht sehr auf sein Äußeres und sah richtig ungepflegt aus.

Eines Abends sagte Tom zu mir: „Ich habe das Gefühl, du willst immer noch etwas von mir willst, das gefällt mir nicht. Ich habe immer nach dem Prinzip ‚never go back' gelebt. Ich will mir eine Wohnung nehmen und weiß schon genau, wie ich sie einrichten und wie ich das Sofa bauen werde." Das schmerzte. „Ich habe immer noch das Gefühl, du willst etwas von mir", wiederholte Tom.

„Ich will nichts mehr von dir, du kannst gehen", reagierte ich. Meine Worte waren nicht ganz ehrlich. Ich war müde und erschöpft, zu schwach zum Kämpfen.

Täglich ging ich zur Arbeitserprobung, einmal pro Woche zur Gruppentherapie. Zu Hause saß ich meistens wie angewurzelt auf dem Sofa und vertrieb mir die Zeit mit Stricken. Dabei hing ich meinen Gedanken nach – vielleicht würde ich mich auch mal wieder verlieben, im Frühling beim Spaziergang am Neckarufer. Ab und zu besuchten mich Jenny und Dieter, frühere Mitpatienten. Wir kauften Kuchen und machten Kaffeeklatsch. Für ein paar Stunden hellte sich dann meine Stimmung etwas auf. Dieter schrieb mir auch zwei Karten aus dem Urlaub, worüber ich mich ein bisschen freute.

Auch Marlies, vor meinem Psychiatrieaufenthalt meine beste Freundin, besuchte mich. Meistens brachte sie allerdings jemanden mit. Brauchte Marlies Verstärkung?

In der Klinik hatte ich meine Enttäuschung darüber, dass Marlies mich dort nie besuchte, noch nicht so deutlich gespürt, weil ich mich ganz unten bewegte. Mein Gefühlsleben war ein konfuses Knäuel. Doch zu Hause merkte ich, wie sehr es mich geschmerzt hatte und immer noch schmerzte, dass sie nicht ein einziges Mal nach mir geschaut hatte.

Später erklärte sie mir, dass sie es psychisch nicht geschafft habe, mich in der Klinik zu besuchen. Und das, obwohl sie Psychologie studierte!

Bei ihren Besuchen lag eine gewisse Spannung in der Luft, eine gewisse Distanz hatte unsere frühere Nähe vertrieben. Vor meinem Klinikaufenthalt hatten wir uns fast täglich gesehen. Tom und ich wohnten in der Altstadt, gleich hinter der Heilig Geist Kirche, Marlies in der Hauptstraße, gegenüber vom

Psychologischen Institut, keine zehn Minuten zu Fuß entfernt. Meistens kam Marlies zu mir. Und wenn wir uns nicht trafen, telefonierten wir miteinander. Alles besprachen wir früher miteinander. Ich glaube, wir erzählten einander mehr als unseren Partnern. Stundenlang tauschten wir uns bei einer heißen Schokolade mit Sahne im Café am Theater aus.

Eines Abends schlug ich Marlies vor, doch eine Therapie zu machen. Ich konnte ihr bei ihren vielen, oft massiven Problemen einfach nicht mehr weiterhelfen. Daraufhin begab sie sich in die Psychologische Beratungsstelle für Studenten in Heidelberg. Im Verlauf der Therapie sahen wir uns nach und nach immer weniger.

Manchmal ging ich nun abends allein in die Stadt, im Café am Theater eine heiße Schokolade trinken. Ich fühlte mich einsam inmitten so vieler Menschen. Einmal lernte ich einen jungen Mann kennen. Er forderte mich auf, ihn in eine Discothek zu begleiten. Schon bei seinen ersten Annäherungsversuchen im „Whisky à go go" merkte ich, dass ich überhaupt kein Interesse daran hatte, mit jemandem anzubändeln. Ich stand auf, verabschiedete mich knapp und ging nach Hause. Für die Männerwelt war ich verschlossen.

Irgendetwas musste ich tun, um unter Menschen zu kommen und meldete mich zum Tennisspielen in Schriesheim an, zehn Übungsstunden mit Trainer. Auch hier beschränkte sich meine Aktivität aufs Tennis selbst. Weitere Kontakte ergaben sich keine. Danach setzte ich eine Annonce in die Heidelberger Communale: „Anfängerin sucht Tennispartner/in" und meine Telefonnummer. Es meldeten sich nur Männer. Ich erzählte Tom, dass ich mich ab und an zum Tennisspielen verabreden würde. Es schien ihn überhaupt nicht zu jucken. Zu meinen Verabredungen fuhr ich mit unserem Auto, das mir Tom nie streitig machte.

Mehrmals traf ich mich mit einem jungen Mann, einem netten Typen. Er wohnte in der Weststadt. Wieder merkte ich, dass ich total zu war. Außer Tennis spielte sich gar nichts ab.

Für ein paar Tage fuhr ich nach Ravensburg zu meiner jüngsten Schwester Marianne und nach Hamburg zu Annelie. Tom brachte mich zum Zug und holte mich auch wieder ab. Zum Abschied küsste er mich auf die Wange, weil ich, wie er später sagte, so traurig gewirkt habe. Bei Annelie klagte ich über mein schlechtes Aussehen. Sie tröstete mich: „Du hast schöne Augen und schöne Haare, nur abnehmen könntest du ein bisschen."

So lebte ich so ungefähr vier Wochen vor mich hin, ohne recht zu wissen, wie es weitergehen sollte.

Im Februar 1983 ging ich aufs Arbeitsamt. „Ich habe etwas für Sie in Mannheim. Es handelt sich um eine Erzieherstelle in einem Sozialwaisenheim, eine schwierige Stelle. Schichtarbeit. Anfangstermin 15. Februar. Trauen Sie sich die Arbeit zu?", fragte mich die Sachbearbeiterin. „Ich werde mich bewerben", antwortete ich.

Meine Therapeutin meinte, es sei noch zu früh für eine solch schwierige Aufgabe. „Ich kann mir auch nicht vorstellen, tagtäglich in der Praxis herumzuhängen und die Zeit mit Nichtstun zu vergeuden", trotzte ich. Ich wollte es versuchen.

„Du kannst das Auto nehmen", sagte Tom. Dieses Angebot machte mich hellhörig.

Ich stellte mich im Kinderheim dem Pfarrer und der Erziehungsleiterin vor. „Warum möchten Sie bei uns arbeiten?", fragte mich die Erziehungsleiterin. „Ich möchte den Kindern eine Mutter sein", gab ich zur Antwort und lief dabei knallrot an. Merkten sie vielleicht, dass ich gerade aus der Psychiatrie entlassen worden war? In meiner Bauchgegend verbreitete sich ein mulmiges Gefühl.

Ein paar Tage später bekam ich die schriftliche Zusage, dass ich Mitte Februar anfangen könne. Eine Woche vor Arbeitsbeginn bekam ich vor der Aufgabe Angst. Vierzehn Jungs im Alter zwischen zwölf und achtzehn Jahren zu betreuen, das war knallharte Arbeit. Traute ich mir dies auch wirklich zu? Nein! Das kann ich nicht, sagte meine innere Stimme. Ich rief in Mannheim an und sagte mit der Begründung ab, ich hätte kein Auto zur Verfügung. Tom ermutigte mich: „Es ist eine Chance für dich. Probiere es doch, try it!"

Ein paar Tage später rief ich erneut in Mannheim an. Ich fragte, ob die Stelle noch frei sei und teilte mit, dass ich nun doch ein Auto hätte. Einen Monat später, Mitte März, konnte ich anfangen, ich sagte zu. Diesmal konnte ich nicht mehr ausweichen.

Ich fühlte mich immer noch so hässlich und wollte eine Veränderung meines Äußeren. So kam ich auf die Idee, meine Haare hellblond zu färben. Zunächst gefiel es mir gut, doch bald wuchsen die Haare dunkler nach. Wie sah das aus! Ich brauchte ein Jahr, bis ich wieder meine normale Haarfarbe hatte und schwor, mir nie wieder die Haare zu färben.

Bedingt durch die Schichtarbeit im Heim sahen Tom und ich uns nur noch selten. Bei mir gab es eine Frühschicht, eine Spätschicht, eine Mittelschicht und eine Nachtschicht. Wenn ich an einem Tag Spätschicht und am nächsten Morgen Frühschicht hatte, schlief ich manchmal nur vier Stunden. Zum Abschalten von der Arbeit blieb mir keine Zeit. Ich konnte einfach nicht einschlafen. Hinzukam, dass ich seelisch immer noch gedämpft war. Wenn ich nach einer solchen Nacht am nächsten Morgen zur Arbeit kam, hatte ich knallrote Mäuseäugelein und fühlte mich wie gerädert.

„Wie du aussiehst?", begrüßte mich Christiane eines Morgens. „Ich kann nicht so gut schlafen." Trotz aller Schwierigkeiten, die sich auftaten, konnte ich nicht aufgeben. Ich wollte es einfach schaffen. Was würde mir bleiben, wenn ich kündigte? Für mich gab es keinen anderen Weg als durchzuhalten. Ich möchte noch einmal betonen, dass ich in der reinen Bubengruppe eingesetzt war, der schwierigsten Gruppe des Heimes.

Meinen ersten Tag dort werde ich nie vergessen. Der Dienst fing um acht an. Morgens war es ruhig, die Jungs in der Schule. Ab 11 Uhr kamen sie tröpfchenweise zur Gruppe. Gegen 12.30 Uhr gab es Mittagessen. Ich saß an einem Ende des Tisches. Alle Blicke waren auf mich gerichtet. Die Jungs alberten herum. Ich fühlte mich unsicher. Eine Frau aus dem Kinderheimbüro leitete an diesem Tag die Gruppe. Sie sprach nur im Kommandoton. Ich beobachtete das ganze Geschehen und dachte im Stillen, das wird schwierig, da hast du dir was vorgenommen. Recht schnell wurde mir bewusst, dass ich bei dieser Arbeit voll an meine Grenzen stoßen würde.

Die Jungs wollten keine Hausaufgaben machen, schwänzten die Schule, klauten im Supermarkt, wollten keinen Küchendienst übernehmen und wollten mit uns Erziehern nicht ihre Freizeit verbringen. Außer auf Christiane, die selbst in diesem Heim aufgewachsen war, hörten sie eigentlich auf keinen.

In unserer Gruppe ging es manchmal brutal zu. Dauernd gab es Probleme, fast immer war Streit zu schlichten. Gab es ausnahmsweise mal keinen Ärger mit den Jungs, so hatte die Heimleitung garantiert an uns Betreuern etwas auszusetzen. Sie machte uns dafür verantwortlich, wenn die Jungs beispielsweise schwarz fuhren oder Hausaufgaben unterschlugen.

Für mich kam erschwerend hinzu, dass ich gesundheitlich einfach nicht ganz auf der Höhe war. Die Mitarbeiter empfanden mich als kühl und distanziert, zumindest am Anfang. In der wöchentlichen Mitarbeiterbesprechung sollte ich aus dem Gruppengeschehen berichten, konnte mir aber nicht alles merken. Irgendwie war ich überfordert.

Ulrich, ein aus Gesundheitsgründen berenteter Sozialarbeiter, sozusagen unser Supervisor, trug mir zu, dass man mit mir nicht zufrieden sei. Er fragte mich, ob ich private Probleme hätte. „Mein Mann hat sich von mir getrennt", vertraute ich ihm an. „Dann kann ich einiges verstehen", reagierte er empathisch. Er bat die Heimleitung, mir wenigstens die Probezeit zu gewähren. „Die geben dir keine Chance", mischte Albert, ein Sozialpädagoge, mit, sich auf meine Seite begebend.

Tom und ich gingen immer noch getrennte Wege. Aus der gemeinsamen Wohnung zog er allerdings nicht aus. Eines Abends ging Tom durch mein Zimmer in seins. Ich lag noch wach im Bett, die Decke über die Nase gezogen. Er beugte sich zu mir herunter, gab mir einen Kuss auf die Wange und sagte: „Good night, Julia." Er ließ mich keine Nacht allein.

Ich stellte keine Ansprüche mehr an Tom. Dazu hatte ich kein Recht. Aber ich war froh, dass er noch bei mir wohnte. Dies bedeutete für mich, dass er den letzten Schritt der Trennung noch nicht vollzogen hatte. Ich brauchte meine gesamte Kraft dafür, im Kinderheim Fuß zu fassen. Privat ließ ich alles laufen und Tom gewähren. Ich hatte gar nicht die Kraft, um ihn zu kämpfen. Das war auch besser so.

„Tom, würdest du einmal mit mir zu meiner Therapeutin gehen?", fragte ich ihn eines Abends vorsichtig. „Ja, das kann ich machen", antwortete er. Damit hatte ich nicht gerechnet, ich war ganz perplex. Hoffnung stieg in mir auf. Gab es doch noch eine Chance für uns?

Im Gespräch bei Frau Dr. Hand erklärte Tom, dass er den Sommerurlaub gemeinsam mit mir verbringen wolle. Zusammen in Urlaub zu fahren, das war ein Ausblick. Ich schöpfte neue Hoffnung für unsere Beziehung.

Eines Abends saß ich im Wohnzimmer. Tom gesellte sich zu mir. „Ich könnte dir jetzt in diesem Moment einen Kuss geben", forderte ich Tom heraus. „Tu's doch", erwiderte er. Ich stand auf und gab ihm einen Kuss auf die Wange. Er fuhr fort: „Weißt du, Julia, ich habe mir meine Gedanken gemacht. Ich brauche eine Frau, kein Kind. Kann ich zurückkommen? Ich habe mich für dich entschieden. Love means to decide. Liebe heißt sich zu entscheiden."

Ich wollte wieder mit Tom zusammen sein. Mit den Worten „Jetzt bleibe ich für immer da" kehrte er in unser Ehebett zurück. Es sollte eine lange Zeit dauern, bis wir unsere Trennung verkraftet hatten.

Im Kinderheim wurde ich während der Probezeit nicht entlassen, sondern wuchs immer ein bisschen mehr in meine Arbeit hinein und übernahm zunehmend spezielle Aufgaben wie das Schreiben von Entwicklungsberichten und die Kontakte zur Schule und zur Erziehungsberatungsstelle.

Im August schloss das Heim während des Sommerurlaubs. Tom und ich verbrachten einen Zelturlaub an der Nordsee und waren die ganzen vier Wochen weit weg von Heidelberg. Wir gingen ganz behutsam miteinander um.

Als ich anschließend wieder zur Arbeit kam, staunte Christiane nicht schlecht: „Du hast dich verändert, vorher warst du so distanziert. Wer hätte gedacht, dass du mal so gut arbeitest." Langsam wuchs mein Selbstvertrauen und ich leistete zunehmend bessere Arbeit. Alle Kollegen gaben mir zu verstehen, dass der Dienst mit mir am schönsten sei. Das tat meinem Ego natürlich gut.

Meine Gruppentherapie ließ ich kein einziges Mal ausfallen. Nach ungefähr einem Jahr verlegte Frau Dr. Hand ihre Praxis von Heidelberg nach Mohnheim. Der weite Weg dorthin – man fuhr mit dem Auto eine Stunde – war vor allem im Winter anstrengend. Den Heidelberger Patienten unserer Gruppe bot ich eine Mitfahrgelegenheit.

In der Praxis lernte ich, zu sehr schwierigen Menschen eine Beziehung herzustellen. Beispielsweise pflegte ich mit Heidi einen engen Kontakt. Wir verstanden uns auch in der Therapierunde sehr gut. Ich glaube, ich tauchte von allen Patienten am meisten in die Therapie ein. So ganz passte ich nicht in die Gruppe. Denn ich besaß mehr gesunde Anteile als die übrigen Gruppenmitglieder und war äußerst motiviert.

Heidi ließ sich früh berenten. Obwohl ich es beruflich immer schwer hatte, kam dies für mich nie in Frage. Es hätte für mich die „Endstation des Lebens" bedeutet! Abgestempelt mit 30? Nein! Das wollte ich nicht sein. Einmal sprach Frau Dr. Hand mit Hinweis auf Heidi meine Frühberentung an. Doch ich war nicht Heidi! Schon den Gedanken an eine Berentung fand ich unerhört.

Ich brauchte eine lange Zeit, bis ich in der Lage war, meinem Therapeuten zu sagen, was mir nicht gefiel. Gott sei Dank! Denn konstruktive Kritik zu üben, das hatte ich nie gelernt, weder in der Klosterschule noch im Elternhaus, in dem Konflikte nur schreiend angegangen wurden. Ich zweifelte an meiner Existenzberechtigung, daran überhaupt auf der Welt sein zu dürfen, Geld zu kosten und Ansprüche zu haben.

Vor jeder Therapiestunde rief ich aus Mohnheim Tom an, um zu kontrollieren, ob er zu Hause war. Wenn ich ihn nicht erreichte, konnte ich sicher sein, wo er sich befand. Eine perverse Situation! Während meiner Therapie verweilte Tom in der Kneipe. Ich fühlte mich so hilflos, so ratlos. In der Therapie gelang es uns nicht, Toms Alkoholgefährdung, meine Co-Trinkerrolle und deren Wechselbeziehung kompetent aufzugreifen und in die Therapie zu integrieren. Frau Dr. Hand strukturierte lediglich. Sie wusste auch nicht weiter. Im Grunde genommen ging die Therapie in diesem so wichtigem Punkt völlig an mir vorbei. Ich glaube, meiner Therapeutin war nicht klar, wie sehr mich Toms Sauferei belastete und wie sehr sie unserer Beziehung schadete. Ich hatte das Gefühl, dass Tom nur bedingt mit mir zusammenlebte.

Erst mit der Zeit durchschaute ich das System der Praxis. Wir gehörten alle sozusagen zu einer großen Familie. Und jeder sollte jedem helfen. Frau Dr. Hand genoss eine enorme Loyalität vonseiten „ihrer Familie".

Einmal meldete sich Heidi nicht wie üblich vor der Fahrt nach Mohnheim. Ich rief mehrmals bei ihr an, doch sie nahm den Hörer nicht ab. In Mohnheim teilte ich dies sogleich meiner Therapeutin mit, denn ich machte mir große Sorgen. Frau Dr. Hand verlangte quasi von mir, dass ich spät abends nach Pfaffengrund führe, um nachzusehen, was mit ihr los sei. Ich sagte ihr, dass ich mir das nicht zutraute. Ich hatte wahnsinnige Angst, Heidi tot in der Wohnung aufzufinden. Außerdem musste ich am nächsten Tag zur Arbeit. Frau Dr. Hand setzte sich daraufhin mit einer früheren Patientin aus Pfaffengrund in Verbindung, die nach Heidi schaute. Es stellte sich heraus, dass Heidi mit einem Stupor, also in einem Starrezustand, im Bett lag. Sie war bei vollem Bewusstsein, konnte sich aber nicht bewegen und befand sich in einer hilflosen Situation.

In der Praxis ereignete sich immer etwas Schlimmes, die Vorkommnisse belasteten mich sehr. Dauernd herrschte Krisenstimmung. Meine Probleme wurden ganz klein im Vergleich zu den massiven Problemen der anderen. Im Grunde genommen befand ich mich wieder bei meinen Eltern in Mengen.

Als sich die Gruppe – wir waren nur noch zu dritt – nach vier Jahren auflöste, sagte ich zu meiner Therapeutin: „Sie waren für mich ganz oben." Worauf sie erwiderte: „Sie waren für mich nicht ganz oben, Sie waren für mich zu wenig solidarisch." Ihre Worte taten mir sehr weh. Ich fühlte mich förmlich in den Boden gestampft. Das war einfach nicht gerecht! Ich kümmerte mich genug um meine „Geschwister"! Sie schlug mir wie auch den anderen aus der Gruppe vor, alle vier Wochen zum Einzelgespräch zu ihr zu kommen. Ganz offen erwiderte ich, dass ich zu Dr. Stern nach Gaiberg wechseln würde. Ich hatte mich entschieden, die Praxis in Mohnheim zu verlassen.

Nach der allerletzten Gruppensitzung, gab mir meine Therapeutin ein Küsschen auf die Wange und wünschte mir: „Viel Erfolg bei Ihrem Unterfangen." Die beiden anderen Gruppenmitglieder wollten mich auch nicht gehen lassen. Wir seien jetzt ein so gutes Team, meinten sie. Doch meine Entscheidung stand fest. Denn trotz der Therapie bei Frau Dr. Hand stand ich mit meinem Beziehungsproblem ganz allein da.

Ich hatte mehr Mut als Angst, bei Dr. Stern eine Einzeltherapie anzufangen und Mohnheim hinter mir zu lassen. Dr. Stern, Internist und Psychologe, machte gerade eine Therapieausbildung. Meine neue Nachbarin in Baiertal hatte ihn mir empfohlen.

Jede Woche, immer samstags, ging ich zu ihm zu einer tiefenpsychologisch fundierten Psychotherapie. Eine halbe Stunde. In der ersten Sitzung begann ich zu sprechen:

„Ich komme aus einer Großfamilie im süddeutschen Raum. Meine Eltern bewirtschafteten einen großen Bauernhof. Ich war das fünfte von acht Kindern. Mit zehn Jahren besuchte ich extern eine Klosterschule und machte mit neunzehn Jahren das Abitur. Anschließend begann ich in Tübingen ein Studium in Sport und Französisch. Dort erkrankte ich zum ersten Mal an Depressionen. Ein Klinikaufenthalt war unumgänglich. Seit der Zeit nehme ich täglich Lithium ein."

„Sie gehören nicht in die Psychiatrie", kommentierte Dr. Stern. Wie beflügelt fuhr ich nach Hause. Dr. Stern war attraktiv und einfühlsam. Rasch ergab sich eine intensive, therapeutische Beziehung. Es gelang ihm schnell, mein Vertrauen zu gewinnen. So war

Dr. Stern nicht nur mein Therapeut, sondern wurde auch mein Hausarzt. „Nehmen Sie exakt Ihre Medikamente!", empfahl mir mein neuer Arzt.

Alle paar Wochen ging ich in die Praxis zur Lithiumkontrolle. Wegen meiner schlechten Venen musste zur Blutabnahme der Arzt hinzugezogen werden. Ein wohliges Gefühl streifte mich, wenn er mich berührte. Ich bekam so etliche „Krankheiten" und freute mich immer, in die Praxis zu „dürfen". Manchmal wollten mich die Sprechstunden-hilfen nicht mehr dranlassen, wenn ich so kurz vor Schluss auftauchte. Doch wenn mich Dr. Stern sah, sagte er immer zum Ärger seiner Mitarbeiter: „Sie kann da bleiben."

Zur Therapie zog ich mich schön an, wusch mir die Haare und schminkte mich. Ich hatte das Gefühl, zu einem Rendezvous zu gehen. Klienten, besonders Klientinnen, die vor oder nach mir an die Reihe kamen, beäugte ich im Wartezimmer ganz genau.

Dr. Stern empfahl mir einen Neurologen in Leimen, der die medikamentöse Behandlung übernehmen sollte. Dr. Adam schlug eine leichte Depotspritze als Grundlage vor, dazu dann die erforderliche Dosierung von Decentan-Tropfen, je nach Gesundheitszustand. Furcht erfasste mich, schließlich wurde ich schon einmal zwangsgespritzt. Ja, ich hatte Angst vor diesem Arzt! Da gab es bestimmt ein Nebenzimmer, vielleicht dort hinten, wo man gerade noch die Tür sehen konnte, in dem man mich zwangsspritzen würde, so wie damals.

Dr. Adam: „Was halten Sie von einem Triumvirat Stern, Adam, Golding." Diese Worte klangen gut in meinen Ohren. Denn ich wusste nicht, was ich von Dr. Adam halten sollte. Im Endeffekt wird er mich doch zwangsspritzen, ängstigte ich mich. Würde Dr. Stern mir aber jemanden empfehlen, der nicht gut zu mir wäre? So beruhigte ich mich.

Ungefähr alle sechs bis acht Wochen fuhr ich zu dem Neurologen nach Leimen. Neben der medikamentösen Behandlung nahm sich Dr. Adam auch viel Zeit zum Gespräch mit mir. Von der Depotspritze kam er allerdings ab.

Einmal kam ich ganz aufgedreht zu Dr. Adam. Ich weiß noch, es war an einem Montagmorgen um acht Uhr. Er informierte umgehend Dr. Stern darüber, dass er Angst habe, ich würde in eine Psychose reinrutschen. Dr. Stern verordnete mir 0,5 ml Decentan, er würde die Spritze für mich in der Apotheke besorgen. Das war wieder etwas Außergewöhnliches von meinem Hausarzt und Therapeuten. Ich bin etwas Besonderes für ihn, triumphierte ich. Bereitwillig ließ ich mir die Spritze geben.

Das Triumvirat fing an zu wirken. Tom blieb meist außen vor und ich wurde immer abhängiger von meinem Therapeuten. Ich erzählte ihm von den früheren Alkoholexzessen meines Mannes, dass er in der Kneipe verweilte, während ich in Mohnheim zur Therapie ging. Einmal, so ziemlich am Anfang, hatte ich Tom auch mit zur Therapie genommen. „Wir verstehen uns einfach nicht", sagte ich. „Dann wird es wohl bald zur Trennung kommen", kommentierte Dr. Stern. „Wir können uns nicht trennen", beendete ich die Therapiestunde.

„Sie hätten Ihren Mann verlassen sollen, Frau Golding. Sie haben noch Ihr ganzes Leben vor sich. Ihr Mann ist Ihre Enttäuschung. Und hören Sie mit der schweren Behindertenarbeit auf", riet mir Dr. Adam. Ein Jahr zuvor hatte ich halbtags in einem Rehazentrum als Erzieherin zu arbeiten angefangen. Nach diesem Gespräch fuhr ich schweren Herzens nach Hause. Ich konnte mich nicht von meinem Mann trennen, selbst wenn ich es mir manchmal gewünscht hätte. Er war ein Teil von mir.

Oft kam Tom nach der Arbeit nicht nach Hause. Meistens war er mit seinem englischen Freund Jack unterwegs. Wenn er dann endlich auftauchte, war er ausnahmslos angetrunken. Ich verzweifelte.

Als Tom mal wieder nicht nach der Arbeit zu Hause eintraf, nahm ich mir fest vor, am nächsten Tag bei der Drogenberatungsstelle in Heidelberg anzurufen. Mit deren Leiter vereinbarte ich einen Termin und informierte Tom darüber. „Wenn du nicht kommst, ist es aus zwischen uns", drohte ich. Ich setzte alles auf eine Karte. Vor unserem Termin verabredeten wir uns in einem Café und begaben uns dann gemeinsam zur Beratungsstelle.

Der Leiter führte die Therapie persönlich durch. Er sah wie ein Ex-User aus. Wenn er lächelte, konnte man seine Goldzähne sehen. Zu meinem Erstaunen gebrauchte er nie das Wort „Alkohol" oder „betrunken", er betonte vielmehr die Stärkung des Selbstbewusstseins und des Selbstwertgefühls. Insgesamt hatten wir zehn Termine. Fazit: Tom kann seine Gefühle nicht zeigen und ist unzuverlässig. Ich kann mich sehr gut in Beziehung setzen, hacke aber immer auf den gleichen Themen herum. Außerdem hätten wir ein Kommunikationsproblem. Kein Wunder bei den unterschiedlichen Sprachen, Tom mit seinem unvollständigen Deutsch und ich mit meinem Schulenglisch. In einer Sitzung weinte ich bitterlich, weil ich das Gefühl hatte, nicht an Tom heranzukommen.

„Julia, wenn du dich veränderst, verändert sich auch Tom", sagte unser gemeinsamer Therapeut empathisch. Wir duzten einander. Helmut gab unserer Beziehung eine große Chance. Wir hätten schon so viel geschafft. Unsere letzte Sitzung fand an dem Tag im Mai 1986 statt, an dem das Reaktorunglück von Tschernobyl passierte.

„Ich halte es nicht mehr mit Tom aus", brach es bei Dr. Stern aus mir heraus. „Ich fühle mich einsam neben ihm, er setzt sich nicht mit mir in Verbindung. Ich habe das Gefühl, er ist weit, weit weg." „Leben Sie nicht so nebeneinander her", lautete der Rat des Therapeuten.

Nun wohnten wir seit ungefähr einem Jahr auf dem Land und zwar in Baiertal, unser Leben hatte sich etwas beruhigt. In unserem Ort wurde ein Fitnesscenter eröffnet, das Tom besuchen wollte. „Julia, ich habe dir eine Sporttasche gekauft", überraschte er mich, „wenn du willst, kannst du auch ins Fitnesscenter gehen."

Tom war mindestens dreimal die Woche nach der Arbeit dort. Er wollte etwas für seine „Muckis" tun und trainierte hart. Bald gewann er Kumpels. Der Trainer gab Tom Ernährungstipps, die den Muskelaufbau begünstigen sollten: alle paar Stunden etwas essen, Kohlehydrate und kiloweise Quark. Dr. Adam begrüßte Toms Training. „Das macht ihn stark", meinte er.

Auch ich meldete mich im Fitnesscenter an, neben den Geräten interessierte mich Aerobic. Regelmäßig, einmal in der Woche saunierte ich. Ich lernte eine langjährige Freundin kennen, Rose-Marie, die nur zwei Straßen von uns entfernt wohnte. Wir verabredeten uns zum Training, zum Schwimmen oder auch zum Kino. Leider trennten wir uns ein paar Jahre später. Sie wohnt noch immer in Baiertal. Als wir uns zufällig einmal begegneten, betonte sie, dass die Freundschaft mit mir schön war. Ich glaube, wir bewegten uns einfach auf verschiedenen Ebenen.

Eines Abends kam Tom nach der Arbeit nicht heim, er war auch nicht im Fitnesscenter. Ein mulmiges Gefühl beschlich mich. Wo konnte er wohl stecken? Würde es mit seinem Saufen weitergehen, sinnierte ich. Endlich ein Anruf: „Julia, holst du mich ab? Ich bin mit Jack in der Bahnhofskneipe."

So fuhr ich nach Heidelberg und betrat die Wirtschaft, steuerte auf Tom zu, ignorierte Jack und befahl knapp: „Komm!" Besoffen saß Tom auf dem Beifahrersitz. Ich hätte kotzen können. Ging es nun gerade so weiter? War Baiertal doch kein Neubeginn? Ich hatte einfach keinen zuverlässigen Partner. Reagierte ich überzogen? „Ich finde es toll, dass du mich abholst. Ich schäme mich ja so. Ich bin deiner nicht wert", säuselte Tom.

Am nächsten Tag sagte ich in ganz ruhigem Ton zu ihm: „Ich kann deine Sauferei nicht mehr akzeptieren. Es geht nicht länger." „Es wird nicht mehr vorkommen", versprach mir Tom.

Ich glaubte ihm nicht. Wie oft hatte er mir das schon versprochen und doch wieder getrunken? Und immer wieder hatte ich gehofft, dass er aufhörte. Tom erklärte mir: „Alkohol ist für mich dasselbe wie für dich das Lithium."

An einem Abend ging ich ins Fitnessstudio, Tom war schon dort. Bei unserer Begrüßung musste ich weinen. Er nahm mich kurz in den Arm, ließ sich aber von seinem Training nicht abhalten. Konsequent, um nicht zu sagen stur, zog er fast täglich sein Programm durch, mindestens zwei Stunden lang. Manchmal verbrachten mein Mann und ich den Sonntagnachmittag mit Leuten aus dem Fitnessstudio. Ich fühlte mich in diesem Kreis einigermaßen wohl.

Nach zwei Jahren Rehazentrum gab ich die schwere Behindertenarbeit auf.

„Lassen Sie sich vom Arbeitsamt beraten und fördern", empfahl mir Dr. Adam. Bei der Beratung kam nicht viel heraus. Zur Auswahl standen eine Weiterbildung zur Heilpädagogin oder die Leitung eines Kindergartens. Irgendwie traute ich mir beide Angebote nicht zu.

In dieser Zeit begann Tom, weniger zu trinken.

In der Zeitung entdeckte ich eine ganz kleine Annonce. Ein Masseur suchte eine Sprechstundenhilfe, halbtags. Es stand nicht dabei, wo. Ich rief bei ihm an und wir verabredeten einen Vorstellungstermin am gleichen Tag. Zu meiner Überraschung befand sich dieses Massagestudio auch in Baiertal. Die Woche darauf konnte ich anfangen.

Ich packte Patienten in Fango ein, legte sie unter Heißluft, bediente das Telefon und vergab Termine. In den Räumen war es wohlig-warm, im Hintergrund lief deutsche Schlagermusik. Dr. Adam befürwortete meinen neuen Job: „Sie können sich dabei mit der Körperlichkeit auseinandersetzen." Bald entstand eine gewisse erotische Spannung zwischen meinem neuen Arbeitgeber und mir, sodass mich Dr. Stern ganz direkt fragte: „Sind Sie in Herrn Kraus verliebt?" „Vielleicht ein bisschen", antwortete ich. „Ich kann Ihnen sagen, Herr Kraus passt nicht zu Ihnen, Sie sind auf verschiedenen Ebenen, das würde nicht gutgehen", fuhr mein Therapeut fort. Dr. Stern war auch sein Hausarzt.

Eines Tages wollte mich Herr Kraus für sich einnehmen und schwärmte: „Ich stelle mir ein Bauernhaus vor und ich kann malen." Ich schaute ihn schweigend an. Einmal, als gerade keine Patienten da waren, rief er mich zu sich. Er lag in einer Kabine auf dem Rücken, das Gesicht zu mir gerichtet, den Mund leicht geöffnet und sagte: „Sie haben auch etwas davon." Schnell zog ich den Kabinenvorhang zu und begab mich an meinen Schreibtisch. Als ich diesen Vorfall Dr. Stern berichtete, meinte er: „Das war eindeutig. Das Wichtigste ist, dass Sie sich nicht eingelassen haben, Frau Golding. Er wird gemerkt haben, dass er bei Ihnen keine Chance hat", analysierte Dr. Stern. „Und Sie waren auch nicht ganz gesund", schloss er die Stunde.

Am nächsten Nachmittag kam Herr Kraus nach seiner Mittagspause auf mich zu: „Wir müssen uns leider trennen. Legen Sie heute Abend die Praxisschlüssel auf den Tisch – und dann noch etwas, meine Frau ist Löwe, die kämpft."

So verlor ich nach 15 Monaten meinen Job und bewegte mich an der Grenze zum Krankwerden. Ich wurde ganz konfus, musste allerdings nicht in die Klinik, was aber nur mit

Hilfe von Dr. Stern vermieden werden konnte. Zu meinem Mann sagte er: „Wir wollen sie aus der Klinik halten." Tom verhielt sich sehr aggressiv mir gegenüber, weil ich mich nicht sofort beim Arbeitsamt meldete, obwohl mir noch Arbeitslosengeld zustand. Seine Vorhaltungen machten mich nur noch konfuser.

Schon während meiner Tätigkeit in der Massagepraxis gab ich immer mittwochs einem Realschüler Nachhilfe in Englisch und Französisch und einer Grundschülerin in Deutsch. So blieb mir wenigstens nach Verlust meines Jobs diese Aufgabe.

Stefan kam wöchentlich zu mir. Für seine vierzehn Jahre war mein Nachhilfeschüler erstaunlich motiviert. Zu Weihnachten schenkte er mir einen Holzengel mit goldenen Flügeln. Seine Mutter sagte, er habe ihn selbst gebastelt. Stefan rutschte in jedem Fach eine Note nach oben, womit er vollkommen zufrieden war. Nach einem Jahr beendeten wir deshalb den Unterricht.

Mit Gina war es nicht ganz so leicht. Sie versuchte, wenn möglich, die Nachhilfe zu schwänzen. Ich wandte mich an ihre Mutter: „Deine Tochter muss regelmäßig üben, sonst schafft sie es nicht." Da sie nur in Rechtschreibung schwach war, schrieben wir fast ausschließlich Diktate. Gina wurde immer ein bisschen besser. Ohne Wissen der Grundschullehrerin absolvierte sie nach ungefähr einem Jahr die Prüfung für die Realschulempfehlung. Und Gina bestand! Heute ist sie Lehrerin. Wenn ich sie treffe, bin ich ganz stolz auf sie, doch auch auf mich. Ginas Mutter lobt mich sehr: „Dein Einsatz hat sich gelohnt."

Noch in der Massagepraxis hatte ich mit Joris, einem Aushilfsmasseur, über meine berufliche Perspektive gesprochen. „Mach doch eine schnelle Ausbildung!", riet er mir. „Eine schnelle Ausbildung? Was für eine Ausbildung?", horchte ich auf. „Zum Beispiel Fußpflege", meinte Joris. So etwas!?, dachte ich und parkte seine Idee in meinem Hinterkopf.

Nachdem ich meinen Job in der Massagepraxis verloren hatte, kam ich in Gedanken auf das Gespräch mit Joris zurück. Vielleicht ist Fußpflege doch nicht so schlecht, die Leute müssten halt vorher die Füße waschen, ich könnte selbständig arbeiten und hätte keinen Chef über mir, wog ich ab. Tom war schnell von der Idee begeistert: „Julia, du kannst dich selbständig machen!" Wir hatten den gleichen Gedanken.

So fuhren Tom und ich die Strecke nach Mainz, wo der Fußpflegekurs stattfinden sollte, mit dem Auto ab, damit ich mich orientieren konnte, wenn es so weit war. Dr. Stern teilte ich mein Vorhaben mit und auch, dass Tom mit mir nach Mainz gefahren sei. „Das hat er gemacht?", staunte mein Therapeut. Dr. Adam unterstützte meinen Berufswunsch mit den Worten: „Das ist optimal für Sie. Es ist gut, nicht überfordert zu sein." Überhaupt wurde mir Dr. Adam immer sympathischer.

Ich begann meinen Fußpflegekurs in Mainz zusammen mit sechs weiteren Teilnehmerinnen. Den Weg über die Autobahn hatte ich mir gut eingeprägt. Der Stoff war vielseitig, ich lernte emsig, Tom hörte mich ab. Es erfolgten eine schriftliche sowie eine mündliche Prüfung, die ich gut schaffte. Ich schloss mit „medizinischer Fußpflege" ab.

Im Fitnesscenter lernte ich Nicole kennen, eine medizinische Fußpflegerin, die mir anfangs sehr unter die Arme griff. Sie half mir bei der Auswahl des Fußpflegemotors, des Sterilisators der Cremes und vielem anderen. Außerdem nahm sie mich mit zu ihrer Kundschaft. „Das ist meine Praktikantin", stellte sie mich vor und sagte hinterher zu mir: „Du bist aber kontaktfreudig." Nicole meinte, es gäbe für uns beide genug Arbeit.

Mein Geschäft lief schnell an. Bei jeder neuen Kundschaft freuten sich Tom und ich wie Kinder. Durch Annoncen im Gemeindeblatt und besonders durch Mund-zu-Mund-Propaganda erarbeitete ich mir bald einen festen Kundenstamm.

Weiterhin ging ich zur Therapie. Ich fühlte mich wie angeklebt an meinen Therapeuten. Sobald mir Dr. Stern vorschlug, in größeren Abständen zu kommen, geriet ich in Panik. „Ich bin doch da!", versuchte er mich zu beruhigen.

Als Dr. Stern seine Praxis von Gaiberg nach Neckarsteinach verlegte, nahm er nicht alle seine Patienten mit, doch ich war dabei und fühlte mich mal wieder auserkoren. Mein Therapeut motivierte mich zum Malen und zum Schreiben. Wie ein Kind zeigte ich ihm meine Bilder. Dr. Stern schaute sie sich sehr intensiv an, woraus ich schloss, dass sie gut waren. Von einem Malkurs an der Volkshochschule riet er mir allerdings mit den Worten ab: „Sie sind eher ein Autodidakt." Dies verwirrte mich ein wenig.

Im Herbst 1991 wurde im hinteren Raum des Fitnesscenters zwei Mal in der Woche Jiu-Jitsu angeboten. Tom trainierte neben Kraftsport nun zusätzlich ungefähr ein Jahr lang Kampfsport, bis die Gruppe in die Turnhalle nach Baiertal wechselte. Nach fünf Jahren gab er dann den Kraftsport auf und nahm weiterhin mit Leib und Seele am Jiu-Jitsu-Training teil. Bald unterstützte er den Trainer Peter beim Kindertraining. Nach jedem Training ging's in die Kneipe, oft war auch ich dabei. Einmal sagte Peter zu mir: „Tom ist aber schüchtern."

Im Sommer 1993 verunglückte Peter bei einem Motorradunfall tödlich, seine Freundin saß mit auf dem Rücksitz, seine Frau Victoria hatte er an diesem Tag zu Hause gelassen. Tom übernahm das Kindertraining, wobei ihm Victoria half. Sie erwartete mehr Zuwendung von Seiten meines Mannes, obwohl er sich dafür nicht zuständig fühlte. Ich war sehr eifersüchtig. Mit der Zeit distanzierte sich Victoria von Tom und dem Kindertraining. Mein Mann trainierte manchmal allein zwanzig Kinder, ohne sich je zu beklagen.

Im Dezember 1995 kam ich mal wieder auf die Idee, meine Medikamente zu reduzieren. Daraufhin konnte ich nicht mehr schlafen. Dr. Stern war im Weihnachtsurlaub. Um Toms Schlaf nicht zu stören, legten wir für mich eine Matratze ins Wohnzimmer. Nachts verfasste ich Verse und Gedichte für meinen Therapeuten wie:

> Wärme
> berührt meine Seele
> lässt sie weinen aus der
> Erstarrung

Ich driftete immer mehr ab und bewegte mich immer weiter neben der Realität. So glaubte ich, Dr. Stern sei mein Vater. Bald blieb ich Nächte hindurch wach. Tom begleitete ich oftmals nach Neckargerach zum Jiu-Jitsu-Training und machte währenddessen die Gegend unsicher. Einmal betrat ich eine Gaststätte, in der gerade ein Sängerbund tagte, und verkündete: „Ich bin die Tochter von Dr. Stern." Ich war total daneben.

Endlich kam mein Therapeut aus dem Weihnachtsurlaub zurück. Sofort erzählte ich ihm, dass ich meine Medikamente reduziert hatte. Er schaute mich nur schweigend an. Ich las ihm das an ihn gerichtete Gedicht vor.

„Kann ich das haben?", bat er mich. Ich frohlockte.

Im April 1996 begleitete mich Tom zu Dr. Stern. Mehr zu Tom als an mich gerichtet sagte mein Therapeut: „Sie sind ja in einem besorgniserregenden Zustand! Trauen Sie sich zu, zu Dr. Adam zu gehen?" Ich traute es mir zu.

Tom fuhr mit mir nach Leimen zu Dr. Adam. Er sagte zu mir: „Stand by your man!" Erst später verstand ich, was er meinte. Mein Neurologe verschrieb mir verschiedene starke Medikamente, die ich exakt einnahm, jedoch ohne Erfolg.

Also gingen wir wieder zu meinem Therapeuten. „Sie muss in die Klinik", meinte er besorgt zu Tom. Ich hatte überhaupt keine Angst. Vergebens versuchte Dr. Stern in verschiedenen Kliniken ein Bett für mich zu bekommen. „Sie können nur noch in der Uniklinik in Mannheim um ein Bett bitten", empfahl er Tom. Ende April kam ich dorthin auf die geschlossene Abteilung.

Tom schrieb sofort alle meine Kunden an, dass ich vorläufig nicht arbeiten könne, er wurde richtig aktiv.

Mein Mann beschwerte sich bei meiner Familie, dass sie ihn mit mir im Stich ließ. Daraufhin kam meine Mutter nach Baiertal. Tom und sie besuchten mich an Ostern auf Station. Ich war verblüfft, wie gut und sportlich meine Mutter mit 77 Jahren aussah, mit Turnschuhen und einem flotten Halstüchlein. Zu dritt fuhren wir aufs Land Kaffeetrinken, wobei mir die Kleinfamilie entgegenkam, denn von den starken Medikamenten sediert strengte mich die Konversation mit Mutter und Tom sehr an. Zu diesem Zeitpunkt waren Mutter und ich eher etwas entfremdet.

Fast jeden Tag bekam ich Besuch von Freundinnen und lernte auf Station meine langjährige Freundin Bettina kennen, 20 Jahre älter als ich und sehr erfahren. Als sie 2006 an einem Hirnschlag starb, hinterließ sie für mich eine große Lücke.

Mein Mann besuchte mich jeden Tag. Bei schönem Wetter gingen wir meist zum nahe gelegenen Ententeich. Auf einer Bank sitzend meinte Tom zu mir: „Ich glaube, du wirst schnell gesund, du hast es bestimmt bald geschafft." Bei so viel Verständnis fühlte ich mich in Gedanken an meinen Therapeuten undankbar. Wie konnte ich nur in so einen

Schlamassel rutschen? Wieder einmal war ich in ein Loch gefallen, aber Tom war immer noch bei mir.

Nach Wochen auf der geschlossenen wurde ich auf die offene Station Filter verlegt. Die Klientel dort war jung. Gisela, eine Patientin, war zuständig, mir den äußeren Rahmen der Station zu erklären. Sie nahm mich sozusagen in Empfang. Die Stationsärztin Frau Dr. Schmitt erstellte zusammen mit mir einen individuellen Therapieplan, den ich selbständig einzuhalten hatte. Wie an der Uni hatte jeder seinen eigenen Wochenplan. Station Filter, quasi die Rehastation, bot anspruchsvolle Themen wie „Progressive Muskelentspannung nach Jacobson" oder „Malen nach Musik". Zwischen den Therapien gab es immer genug Freiraum.

Tom besuchte mich jetzt häufig in seiner Mittagspause, was nur möglich war, weil er in Mannheim arbeitete. Ilse, meine beste Freundin, kam oft von Eppelheim zu mir gefahren. Ein Mal brachte sie mir einen Teddy mit und ein anderes Mal zwei Elefanten aus Ton. Beide Geschenke habe ich heute noch. Ich fühlte mich längst nicht so von der Welt abgeschnitten wie in Weinheim.

An einem Tag bat Frau Dr. Schmitt zum Dreiergespräch. Tom fragte die Ärztin ganz direkt: „Kehrt die Krankheit meiner Frau immer wieder?" Worauf sie sinngemäß antwortete: „Nein, wichtig sind die Medikamente und dass sich Ihre Frau zu Hause sicher- und wohlfühlt." Sie schlug vor, dass ich noch eine Zeitlang in die angegliederte Tagesklinik gehen solle. Aus diesem Gespräch gingen Tom und ich sehr gestärkt hervor.

Als Tom das nächste Mal kam, wollten wir uns das Gebäude der Tagesklinik von außen anschauen. Ich erschrak! Eine Gruppe krank aussehender Menschen stand vor dem Eingang, alle rauchten! Tom erriet sofort meine Gedanken und sagte zu mir: „Sie sind alle bereits einen Schritt weiter und haben den stationären Aufenthalt schon hinter sich." Wie recht er doch hatte. Ich schämte mich ein bisschen.

An unserem 17. Hochzeitstag im Juli war ich noch auf Filter. Tom und ich gingen zur Feier des Tages auf einem Neckarschiff essen. Nur mit Mühe konnte ich ihm in die Augen schauen. Ich fühlte mich so unehrlich. „Julia, du bist nicht allein, wir machen es zusammen", versprach mir mein Mann. Ich horchte auf, das kam an und ich glaubte ihm. Sein Versprechen war ausschlaggebend für unsere ganze weitere Beziehung.

In dem Vorgespräch mit der Assistenzärztin Frau Dr. Seifried und der Krankenschwester Frau Kraft von der Tagesklinik berichtete ich ohne Selbstbewusstsein von meiner Selbständigkeit als Fußpflegerin und dass ich verheiratet sei. Wir sprachen auch über andere Dinge, die ich im Detail nicht mehr weiß. Die Ärztin versprach mir einen der begehrten Plätze in der Tagesklinik. Ich müsse allerdings wie alle anderen Patienten auch mit Bus und Bahn pendeln. Zu diesem Zeitpunkt durfte ich sowieso noch nicht wieder Auto fahren, was mir sehr fehlte. Beide, Frau Dr. Seifried und Frau Kraft, begegneten mir in unserem Gespräch sehr empathisch.

Frau Dr. Schmitt entließ mich bald nach Hause, obwohl ich noch zwei Wochen auf meinen Platz in der Tagesklinik warten musste. Erst hatte ich regelrecht Angst davor, in der Zwischenzeit ohne Aufgabe zu sein, doch es lief besser, als ich es mir ausgemalt hatte.

Gerade in der Zeit, als es mir schlechter ging, gründete Tom zusammen mit drei anderen Männern eine Trainingsgemeinschaft, um

Kinder und Erwachsene im Kampfsport Jiu-Jitsu zu unterrichten. Dafür mieteten sie eine Halle in Neckarsteinach, dienstags und donnerstags, am späten Nachmittag und abends. Ich konnte mich darauf einstellen, dass Tom zu diesen Zeiten nicht zu Hause war. Vor dem Training kam er allerdings kurz heim, worauf ich großen Wert legte.

Im September war es dann so weit. Mit Bus und Bahn erreichte ich die Tagesklinik und meldete mich im Schwesternzimmer. Schnell nahm ich den freundlichen Ton in meiner neuen Einrichtung wahr, in der ich mich die nächsten Monate tagsüber von Montag bis Freitag aufhalten wollte. Medikamente waren „Medis", das hatte ich vorher noch nie gehört. Es fand ein ausführliches Aufnahmegespräch mit Frau Dr. Seifried statt, in dem unter anderem aktuelle Beschwerden und frühere Krankenhausaufenthalte erfragt wurden.

Die Besonderheit der Tagesklinik besteht in dem Schwerpunkt Arbeitstherapie mit den Bereichen Hauswirtschaft, Schreinerei, Bürotraining und Druckerei. Im letzteren war ein Platz für mich frei. Zunächst erstellte ich Linoldrucke nach Vorlagen und später nach eigenen Entwürfen. Ferner wurde ich in die verschiedenen Kopiertechniken und den Umgang mit dem Kopiergerät eingewiesen, wovor ich anfangs hohen Respekt hatte. Der Leiter der Druckerei, Herr Senf, war sehr freundlich und geduldig, bald entwickelten wir einen guten Draht zueinander.

Von der Druckerei aus rief ich ab und zu Tom auf der Arbeit an, dass er mich bitte nach Dienstschluss mit dem Auto unten an der Straße abhole und mit heimnehme, was er mir nie abschlug. Grundsätzlich musste dies heimlich geschehen oder ich fragte Herrn Senf, ob ich kurz telefonieren könne. Sein Kommentar: „So eine Beziehung hätte ich auch gern."

Neben der Arbeitstherapie, die vorwiegend morgens stattfand, bestanden verschiedene Gruppenangebote wie Psychotherapie, Zeitungsgruppe und Bewegungsgruppe. Die Aufteilung der Gesamtgruppe in zwei Kleingruppen A und B sollte die Wirksamkeit der Therapie verbessern. Ich wurde der Patientengruppe A und der Krankenschwester Frau Kraft zugeordnet.

Etwa alle zwei Wochen hatte ich ein psychotherapeutisches Einzelgespräch mit der Ärztin. Einmal erzählte sie mir, dass bei ihr das Wochenende vor lauter zu erledigender Korrespondenz schon am Sonntag enden würde – das sei die Kehrseite ihres Berufs. Ich bräuchte viel, um zufrieden zu sein. Irgendwie hatte sie recht, was ich aber erst viel später erkannte.

Ich hatte Sehnsucht nach meiner Mama und wollte ihr nahe sein. Deshalb nahm ich telefonisch zu ihr Kontakt auf und teilte ihr mit, dass ich in einer Druckerei arbeitete. Sie freute sich sehr über meinen Anruf.

Bei einer wöchentlichen Oberarztvisite empfahl mir Professor Dr. Weiss das neue Medikament Zyprexa, das in aller Munde war. Das Neuroleptikum sollte weniger Nebenwirkungen als dessen Vorläufer Leponex haben und außerdem antidepressiv wirken. Ich war gespannt und bereit, das neue Wundermittel auszuprobieren, schließlich hatte ich nichts zu verlieren. Heute ist Professor Dr. Weiss Leiter der Psychiatrie in Ulm. Schon ein paar Mal hörte ich von ihm im Radio, stolz darauf, ihn zu kennen und darauf, dass ich ihm das Zyprexa zu verdanken habe.

Nach zwei Monaten Arbeitstherapie in der Druckerei wollte ich in die Hauswirtschaft wechseln, was man mir auch gestattete. In der

Küche wehte ein anderer Wind. Die Leiterin, Frau Rindermann, war direkt und dominant. Alles, was wir buken und kochten, wurde vorher und hinterher besprochen. Da gab's eine noch klarere Struktur als in der Druckerei. Morgens nach der Vorbesprechung mussten in der Regel zwei von uns einkaufen gehen, wozu ich manchmal einfach zu faul war. Doch keiner konnte sich drücken, Frau Rindermann hatte den Überblick. Irgendwie gefiel es mir in der Küche und ich mochte auch Frau Rindermann. Bei ihr wusste man, woran man war.

Ich begann zuzunehmen, meine Hosen spannten. Auch Tom bemerkte dies. Bei der wöchentlichen Gewichtskontrolle in der Tagesklinik erschrak ich! So viel hatte ich noch nie in meinem ganzen Leben gewogen, nicht einmal 1982 in Weinheim. Mit Frau Kraft, der Seele der Tagesklinik, ging ich ab und zu ins Café. Sie hatte ein besonders glückliches Händchen im Umgang mit den Patienten. „Die Kilos kommen auch von dem Medikament Zyprexa", sagte sie. Doch mein Übergewicht wollte ich nicht einfach so hinnehmen, sondern nach meiner Entlassung dagegen angehen.

Es wurde Weihnachten, der Essraum war schön geschmückt und Kerzen standen auf den Tischen. Bei der Weihnachtsfeier spielten Caroline, eine Mitpatientin, und ich auf der Flöte Weihnachtslieder. Auch Tom wohnte der Feier bei, ich war so stolz auf ihn. Ein paar Tage zuvor hatte er die Prüfung für den Braungurt in Jiu-Jitsu bestanden. Als Frau Dr. Seifried in der nächsten Morgenrunde hervorhob: „Und Herr Golding war auch da", fühlte ich mich ganz außergewöhnlich.

Ich äußerte der Ärztin gegenüber den Wunsch, bald entlassen zu werden. Sie schaltete die Sozialarbeiterin Frau Hell ein, die mir einen Sozialarbeiter, Herrn Held, vom Sozialpsychiatrischen Hilfsverein Rhein-Neckar e.V. vorstellen wollte. „Wozu?", fragte ich sie. „Sie haben noch einen weiteren Kontakt", antwortete Frau Hell. Herr Held wollte mich nach dem Aufenthalt in der Tagesklinik ambulant betreuen, wozu ich auch bereit war, nachdem ich ihn kennengelernt hatte.

Abends führte ich ab und zu wieder eine Fußpflege durch. Tom brachte mich mit dem Auto zur Kundschaft und holte mich nach der Behandlung ab. Endlich konnte ich wieder arbeiten.

Bei der Oberarztvisite eine Woche vor meiner Entlassung erhielt ich endlich grünes Licht fürs Auto fahren, was mir einen enormen Energieschub versetzte. Tom und ich schrieben alle meine Kunden an und teilten ihnen mit, dass ich wieder arbeitsfähig sei. Ich rief meine Mutter an, denn ich sehnte mich nach ihr und war froh, dass sie noch lebte. Auch zu Dr. Stern nahm ich telefonisch Kontakt auf. Er sagte, ich könne mich nach der Entlassung nochmals melden. Ich erstellte im Voraus für jede Woche einen Plan, in den ich alle meine Unternehmungen eintrug. Meine wichtigste einzuplanende Aktivität stellte wohl der Termin in der Psychiatrischen Ambulanz dar, zunächst alle vier Wochen. Hier ging es um die medikamentöse Behandlung und das vertrauensvolle Gespräch mit einem Assistenzarzt der Neurologie, der etwa jedes Jahr wechselte.

Und dann erfolgte schließlich die Entlassung. So leicht fühlte es sich gar nicht an, wieder auf eigenen Füßen zu stehen. Ich rief reihum meine Kunden an. Wie zu erwarten, hatten sich die meisten inzwischen eine andere Fußpflegerin zugelegt und wollten nicht mehr zu mir zurückwechseln, doch einige kehrten zurück oder hatten sogar auf mich gewartet. Tom entwarf auf dem PC einen Flyer, den Caroline und ich in die Briefkästen Baiertals und der umliegenden Ortschaften verteilten. Durch diese Aktion konnte ich mein Geschäft gewissermaßen ein zweites Mal aufbauen.

Beim nächsten Anruf bei Dr. Stern erhielt ich einen Gesprächstermin. Bei der Begrüßung bemerkte er: „Sie haben aber zugelegt. Medikamente nehmen und schlank bleiben, das ist eine Kunst." Ich fühlte mich sehr unwohl unter seinem Blick. Sozusagen zur „Abnabelung" konnte ich alle vier Wochen zum Gespräch kommen. Einmal sagte Dr. Stern etwas ungehalten: „Sie bekommen hier keine zweite Therapie." „Was soll ich machen?", fragte ich ihn. „Die ganze Therapie nochmals bei einer Frau", antwortete Dr. Stern.

Nach etlichen Monaten war ich dann endlich so weit, mich von meinem langjährigen Therapeuten lösen zu können. Mein Tagebuch könne er behalten, meinte ich. Beim Verabschieden betonte ich die beiden Worte „Gute Zeit" und das war's.

Ein paar Jahre später trafen wir uns zufällig vor dem Bioladen in Neckarsteinach. Ich freute mich sehr, Dr. Stern wiederzusehen.

Nach meiner Entlassung aus der Klinik hatte ich mich zu einem Trennkostkurs angemeldet, der in unserer Nachbarschaft stattfand. Das Wesentliche bei dieser Art der Ernährung ist es, Kohlehydrate und Eiweiß mit neutralen Lebensmitteln zu kombinieren und nicht zusammen zu essen sowie abends möglichst keine Kohlehydrate mehr zu sich zu nehmen. Die Leiterin strengte sich sehr an, den Kurs für uns sechs Teilnehmerinnen lebendig zu gestalten. Zum Abschluss fuhren wir mit dem Fahrrad nach Neckarsteinach zum Essen, natürlich nach dem Prinzip der Trennkost. Es war gar nicht so einfach, aber möglich. Innerhalb von vier Wochen purzelten bei mir einige Pfunde und ich fühlte mich bald wieder wohler in meiner Haut.

Ich rief meine Mutter nun regelmäßig an. Anfangs war sie am Telefon ziemlich reserviert – vielleicht dachte sie, ich wolle ihr „an den Karren fahren“, was ich aber gar nicht vorhatte. Ich wollte Nähe zu ihr finden und einiges von ihr erfahren. Zu diesem Zeitpunkt getraute ich mich noch nicht, sie direkt auf den sexuellen Missbrauch durch den Knecht Ernst, den ich als Kind erleben musste, anzusprechen. Ich hatte viele Fragen: Wie alt war ich genau bei dem Übergriff? Wie viele Sommer arbeitete Ernst auf unserem Hof? Einiges erfuhr ich von Annelie, da auch sie betroffen war. Das Gespräch mit meiner fünf Jahre älteren Schwester brachte Erleichterung nach dem Motto „Geteiltes Leid ist halbes Leid". Annelie arbeitete viele Jahre als Psychologin bei einer Anlaufstelle für sexuell missbrauchte Menschen.

Gleich nach der Entlassung aus der Tagesklinik betreute mich Herr Held, er kam wöchentlich zu mir nach Hause. Wir sprachen über alles, was anfiel. Er half mir auch, über Dr. Stern hinwegzukommen. Neben der Einzelbetreuung managte unser Sozialarbeiter den Club Reichenstein, einen wöchentlichen Treffpunkt für Menschen mit seelischen Problemen oder psychischen Erkrankungen. Man versammelte sich abwechselnd zum Kegeln im Schwarzen Adler und im kirchlichen Zentrum Arche zu Angeboten wie „Wir backen Pizza". Herr Held führte ferner mehrtägige Fahrten mit Hotelübernachtung durch. Nach Colmar fuhr auch ich mit. Was Herr Held organisierte, klappte durchweg – es machte Spaß dabei zu sein.

Herr Held betreute mich ein paar Jahre bis 2000. Das weiß ich noch ganz genau, denn in diesem Jahr begann ich eine Verhaltenstherapie bei Frau Dr. Jung, Psychologin und Ärztin, die ich vier Jahre später erfolgreich abschloss. Mit fortschreitender Therapie besuchte auch ich immer seltener den Club und schlug Herrn Held vor, die Betreuung zu beenden.

2003 lernten wir ein Networkmarketing zum Thema Nahrungsergänzung kennen. Tom und ich besuchten gemeinsam viele verschiedene Veranstaltungen. Ich fand es schön, mit Tom dieses Interesse zu teilen. Seit dieser Zeit nehmen wir auch regelmäßig Nahrungsergänzungsmittel ein, vor allem OPC (Naturstoff aus Traubenkernen). Es macht mich fit und ich brauche zur Erhaltung des Lithiumspiegels im Blut weniger Lithium als früher.

Anfang 2005 hatte mein Mann die Idee, zusammen Tanzen zu lernen. Wir machten eine Tanzschule in Sinsheim ausfindig und fingen dort im Februar an. Es machte uns sehr viel Spaß. Leider mussten wir aber nach drei Jahren aufhören, als Tom am Knie operiert wurde. Die Heilung dauerte sehr lange und dadurch verpassten wir den Anschluss an die Tanzgruppe.

Die nächste Idee hatte wieder mein Mann: Seit einem Jahr besuchen wir ein Fitnesscenter, in dem Behinderte, vor allem Rollstuhlfahrer, und Nichtbehinderte zusammen trainieren können. Es macht mir einen Riesenspaß, mit Tom dorthin zu gehen.

Letztes Jahr traten wir in den Naturheilverein Spechbach und Umgebung e.V. ein. Hier werden viele interessante Seminare und Vorträge angeboten. Ich merke, wie wichtig und schön einerseits gemeinsame Interessen sind, andererseits aber auch eigene Interessen innerhalb der Partnerschaft. Tom machte 1997 den Schwarzgurt 1. Dan und 2000 den Schwarzgurt 2. Dan in Jiu-Jitsu. Donnerstags ab 17 Uhr ist Toms Jiu-Jitsu-Abend. Zunächst trainiert Tom Kinder und anschließend Jugendliche. Er ist gerade dabei, eine Gruppe aufzubauen. Ein 13-Jähriger kommt extra aus Heidelberg zu Toms Training nach Neckarsteinach. Das spricht für sich. Ich bin sehr stolz auf meinen Mann. Er ist ein hervorragender Trainer.

Anna Maria Weber, Diplom-Psycho-Physiognomikerin, lernten wir in einem Seminar kennen. Physiognomik ist die „Kunst", aus dem unveränderlichen physiologischen Äußeren des Körpers, besonders des Gesichts, auf die seelischen Eigenschaften eines Menschen zu schließen. Frau Weber hat eine Praxis in Schriesheim und gibt auch Einzelsitzungen. Ich meldete mich bei ihr an.

Ich war ziemlich aufgelöst und unsicher über meine berufliche Zukunft. Sie empfahl mir, den spirituellen Weg einzuschlagen. Informationen würde ich über das Internet bekommen.

Ich rief Tanja an, eine Freundin, die ich vor Jahren beim Meditieren kennengelernt hatte, und fragte sie, ob sie diesbezüglich eine Idee hätte. Sie antwortete mir: „Du brauchst nicht weiterzusuchen. Ich biete im Oktober einen Workshop ‚Geistiges Heilen' an, an dem du, wenn du willst, teilnehmen kannst."

In der dritten Workshopeinheit geschah das Erstaunliche. Jeder brachte ein Kinderfoto von sich mit und einen geliebten Gegenstand, ich meinen Teddy, den ich von Ilse bekommen hatte. Über Meditation wandten wir uns dem inneren Kind zu, um zu spüren, was es noch brauchte, um ganz zur Heilung zu gelangen. Nach kürzester Zeit schoss es mir in den Bauch und ich fühlte mich nur noch elendig. In einer Zwischenrunde konnte jeder erzählen, wie es ihm ergangen war. Ich sagte: „Ich kann jetzt nicht darüber sprechen, das würde den Rahmen sprengen. Ich brauche dafür eine Einzelsitzung bei dir, Tanja." Das war eine Woche vor Weihnachten und meinen Termin mit Tanja hatte ich erst im neuen Jahr.

Wieder zu Hause rief ich sofort meine Schwester Annelie an und erzählte ihr, was der Workshop in mir ausgelöst hatte. Ich telefonierte auch mit meiner älteren Schwester Anita, die bei mir in der Nähe wohnt. Sie wusste, dass der Knecht Ernst Alkoholiker war und ins Bett machte, und sie wusste auch, dass er sofort entlassen worden war, als meine Eltern von seinen Übergriffen erfahren hatten. Wie es herausgekommen war, weiß keiner mehr genau.

Ich erlebte den Missbrauch nochmals und hatte einen Kloß in der Hose. Auf einmal erinnerte ich mich: Ernst hatte mich auf den Strohstock gelockt und sich mit meiner kleinen Hand befriedigt. Nicht nur ein Mal! Mein Mann war ganz empört darüber, was ich ihm berichtete, und nahm mich in den Arm. Ich rief meine Mutter an und erzählte ihr mein Trauma. Sie sagte: „So ein Sauhund."

Damals mit sechs Jahren fing ich an, wieder in die Hose zu machen, auch das geschah heimlich. Die verschissenen Unterhosen versteckte ich ganz hinten im Holzschuppen. Keiner merkte etwas. Ich hatte große Angst vor meiner Mutter, sie konnte sehr streng sein.

In der Einzelsitzung bei Tanja sprachen wir nochmals darüber und während des nächsten Kurstags war ich dann in der Lage, den anderen Frauen zu erzählen, dass ich von einem Knecht auf unserem Hof im Alter von ungefähr sechs Jahren sexuell missbraucht worden war. Das Trauma löste sich auf.

Der Missbrauch ist ein Teil meiner Psychose, wenn nicht gar der größte Teil.

Als ich vierzehn war, bekam Mechthild, meine älteste Schwester, mit 21 Jahren ein uneheliches Kind, zur damaligen Zeit noch eine große Schande. Mein Vater war immer sehr stolz auf seine sieben Mädchen gewesen und stürzte in eine tiefe Krise. Wenn ich mich ihm auch nur näherte, wehrte er ab: „Lass

mich in Ruhe!" Ich fühlte mich zurückge-
stoßen und verlassen.

Waltraud, meine zweitälteste Schwester
heiratete einen Landwirt – und das nur, weil
ein Kind unterwegs war. Die beiden Schwestern bereiteten so viele Probleme, dass sie
einem die Luft zum Atmen nahmen.

Was mir blieb, war schulisch zu funktionie-
ren, gute Noten zu schreiben und ein gutes
Abitur zu machen. Mein Vater setzte voll auf
mich, dass ich mal studieren und mindestens
Studienrätin werden würde. Und ich begann
auch in Tübingen ein Studium, wie erwähnt
Romanistik und Sport für das Lehramt, ganz
wie Papa es wollte, nur ich kam überhaupt
nicht zurecht. Für das Hauptfach Romanistik
hätte ich noch das Große Latinum nachma-
chen müssen, was ich mir einfach nicht zutraute, ich hatte nur das Kleine. Ich war ganz
aufgewühlt.

Als ich mir für das zweite Semester den
Stundenplan zusammenstellen wollte, reagierte ich mit massiven Konzentrationsstö-
rungen. Ich bekam große Angst, das Studium
nicht zu schaffen und die Eltern, besonders
den Vater, zu enttäuschen. Da erkrankte ich
zum ersten Mal und schluckte zwanzig Tablet-

ten Betadorm. Ich kam in eine Tübinger Klinik und war geistig sehr daneben, da es zu spät war, mir den Magen auszupumpen.

Veronika, meine Mitbewohnerin, fragte mich, ob ich in die Psychiatrie wolle, was ich ablehnte. So blieb ich ungefähr anderthalb Wochen in der Wohnung und Veronika schirmte mich von allem und allen ab.

Dann entschloss ich mich, zu meinen Eltern zu fahren. Erst am nächsten Tag getraute ich mich, zu meiner Mutter zu sagen: „Ich glaube, ich bin krank." Sie weinte leise und ging mit mir zu unserem Hausarzt. Mein Vater kehrte ganz in sich.

Ich kam nach Sigmaringen in die Psychiatrie, von dort nahm mich Anita mit nach Heidelberg. Sie lebte mit Ralf zusammen, der Sozialarbeit studierte. Ich machte meine erste Gruppentherapie in der PBS, Psychotherapeutischen Beratungsstelle für Studenten. Immer wieder versuchte ich zu studieren, doch jedes Mal wurde ich krank.

Als ich meinen Mann 1977 in Amsterdam beim Zelten kennenlernte, hatte ich schon drei Psychiatrieaufenthalte hinter mir und lebte gerade in einem Übergangswohnheim für psychisch Kranke in Heidelberg Rohrbach, das von Ralf geleitet wurde. In der Zeit absolvierte ich ein Vorpraktikum in einem Kinderheim, in dem es mir sehr gut gefiel. Mit Toms Hilfe konnte ich aus dem Heim in eine gemeinsame Wohnung mit ihm ziehen. Ich begann meine Fachschulausbildung für Sozialpädagogik in Mannheim, die ich abschließen konnte, was für mich außerordentlich wichtig war. Nun hatte ich eine abgeschlossene Berufsausbildung.

1979 heirateten Tom und ich auf dem Standesamt in Heidelberg. Die kompletten Familien reisten zur Hochzeit an. Es war das letzte Mal, dass sich meine Familie vollständig versammelte. Fünf Jahre später – 1984 – starb Papa.

In diesem Jahr, 2009, sind wir im Juli dreißig Jahre verheiratet. Wir sind ruhiger geworden und leben glücklich zusammen in Baiertal. Mit meiner Familie habe ich Frieden geschlossen. Mama rufe ich jeden Tag an. Sie ist inzwischen fast neunzig Jahre alt.

Wenn mein Mann und ich abends zu Hause sind, machen wir es uns gemütlich auf unserer Kuschelecke ganz ohne Fernseher, den wir vor einem Jahr abgeschafft haben.

## FÜR MEINEN MANN

Ich liebe Dich
Mehr als ich denken kann.
Hier und jetzt.
Mich kümmert NICHT MEHR SO viel
Was Morgen mit uns sein wird.
DU GIBST MIR heute das Gefühl
Mit Dir
Einen gemeinsamen Weg zu gehen
Und dabei sagen zu können:
Ich bin ich und
Du bist Du.

Ich, 2009